MANUEL PRATIQUE *du* SPIRITISME

Ouvrages du même auteur :

- **Manuel pratique du pendule**
  40 planches pendulaires.

- **Manuel pratique de télépathie**
  Influencer à distance - Diriger vos pensées - Programmer votre futur.

- **Guide d'utilisation des pyramides**
  Les rituels pratiques - agir avec le pendule égyptien.

- **Manuel pratique d'autohypnose**
  Développez vos facultés mentales - Protégez-vous des influences extérieures.

Éditions **Exclusif**
120, avenue Charles-de-Gaulle
92200 Neuilly-sur-Seine.
Tél. et Fax. : 01.46.43.09.24.

Imprimé en France

I.S.B.N. : 978-2-84891-022-2

Stéphane Crussol

MANUEL PRATIQUE *du* SPIRITISME

INTRODUCTION

I. Qu'est-ce que le spiritisme ?

Définitions

Le spiritisme est-il un art, une technique ou une science appliquée ? Cette question n'est pas neutre, mais contemporaine. En effet, depuis un ou deux siècles, une sorte de frénésie nous porte à tout vouloir définir, hiérarchiser, classifier, stratifier, normaliser, mettre « en boîte » etc. Ce n'est pas forcément négatif. Une telle attitude propose parfois de bons résultats, évitant des confusions fâcheuses, clarifiant la réflexion dans sa méthode comme dans son objet. Cette saine tendance peut donc se révéler utile dans différents domaines. Elle est à l'origine de grands progrès dans les sciences et particulièrement en médecine, puisqu'elle a rendu possible la guérison de maladies autrefois fatales.

Formes de pensée

Néanmoins, il existe des formes de pensée qu'on ne saurait placer dans une seule catégorie ni définir complètement en quelques mots. Certes, elles peuvent faire appel à la pensée calculante. Mais pas seulement : la pensée méditante, sans nuire à l'autre, devient généralement prédominante. Elle englobe nécessairement la pensée calculante, moins complète malgré son incontestable efficacité à court et moyen terme. **Le spiritisme fait partie de domaines mêlant différents types de pensée.** De ce fait, exprimer complètement ce qu'il est semble fort malaisé. Tentons, tout de même d'en cerner les contours :

Une volonté devenant acte

Le spiritisme est la volonté devenant acte et parole de faire communier deux univers : **celui des vivants et celui des morts**. L'esprit d'un défunt, désincarné, est invoqué par diverses techniques ou procédures. Si tout se passe bien, l'esprit daigne s'adresser aux humains vivants. C'est la communication. Elle peut, ou non, se compléter et devenir communion…

Compatibilité

Le spiritisme, on le voit, constitue une philosophie des temps modernes compatible avec toute religion non sectaire. À tel point que son acceptation par une communauté religieuse permet de reconnaître un dogme libéral, réellement bénéfique d'une superstition malsaine et persécutante.

Manifestations spontanées

Le spiritisme naquit et prit son essor à partir de manifestations spontanées d'esprits. Le processus et simple : **un esprit frappeur fait connaître de lui-même sa présence**. Parfois, il arrive avec une demande précise. – C'est et nous en reparlerons – le cas du fantôme du père d'Hamlet dans la pièce éponyme de Shakespeare : il se manifeste à son fils pour lui demander qu'il le venge. C'est à partir d'une manifestation spontanée similaire que naquit le spiritisme : l'esprit d'un homme assassiné s'adressa, en 1847, aux sœurs Fox. (Voir ci-dessous le chapitre intitulé : *Le spiritisme au fil du temps*). À partir de cette volonté de contacter les vivants, l'esprit donna peu à peu le « mode d'emploi », le moyen de provoquer son apparition, de l'évoquer. L'origine du spiritisme est donc la conséquence de la volonté même des esprits.

Un nombre illimité

Il existe un nombre illimité de hiérarchies possibles, de classements possibles pour les esprits. Les degrés de l'esprit sont innombrables. Ce qui semble naturel : plus nombreux que les générations vivantes d'humains, plus nombreux que toutes les populations passées, la variété existentielle des esprits ne peut qu'avoir été modifiée au fil du temps. De plus, un seul et même esprit varie durant son parcours. S'il demeure lui-même, l'éternité modifie ses caractéristiques, non plus au fil du temps immuable dans lequel il évolue, mais selon ses rencontres, humaines ou d'autres esprits. Voire Dieu ou les Saints, ce que nous ignorons, évidemment.

II. Comment utiliser ce manuel

Pratique

Nous avons voulu que cet ouvrage soit essentiellement pratique. Aussi, après une série d'informations et de définitions indispensables, nous avons tenté de décrire le plus précisément possible les procédures à suivre. Qu'elles soient traditionnelles ou qu'elles fassent appel à une technologie contemporaine.

Ouverture d'esprit et utilité

Le spiritisme, aujourd'hui, s'est débarrassé de tout un fatras de pratiques poussiéreuses. Après avoir été critiqué, censuré, il commence à être admis, tandis que sa « diabolisation » recule. Il a montré qu'il est compatible avec bien des religions et philosophies. Certains sont parfois surpris d'apprendre que tel ou tel chef d'état on ne peut plus positif, que tel ou tel savant ou universitaire pétri de rationalité s'y adonne. Cela n'a pourtant rien d'étonnant : les gens conscients, les bienveillants, les philosophes, scientifiques, universitaires, etc. sont généralement ouverts et comprennent facilement l'utilité du spiritisme. Nous verrons, ci-dessous, comment elle se manifeste. Et pourquoi il convient de prendre les pratiques spirites au sérieux.

Le spiritisme n'est pas un jeu

Aussi, nous avons pensé qu'il est nécessaire de prévenir que le spiritisme n'est pas un jeu. Qu'il peut, si l'on ne prend pas certaines précautions devenir dangereux. De plus **il a semblé important de présenter des exercices de détente, de décontraction pour mieux se préparer psychiquement aux séances de spiritisme** qui sont parfois éprouvantes.

Persévérance

En suivant scrupuleusement les conseils de ce manuel, tout un chacun pourra se familiariser avec le monde des esprits, avec le monde qui, tôt ou tard sera le nôtre. Notre souci de clarté ne doit pas faire oublier qu'il convient de persévérer et de ne pas se résigner près quelques échecs habituels lorsqu'on aborde une discipline nouvelle.

Préparation

Pour prévenir le découragement, nous avons insisté sur la préparation mentale du spirite ou de l'apprenti spirite, voir du médium. On ne saurait trop y insister. C'est le gage d'une réussite à peu près certaine.

CHAPITRE I

Définitions

APPARITIONS

Manifestation spontanée

Il s'agit de toute manifestation spontanée visible d'un esprit. Que le sujet soit en état de veille ou en train de dormir. Par extension, on parle aussi d'apparition lorsque l'esprit ne se fait connaître que par la parole, le bruit, etc.

Illusions

Il fut distingué l'apparition de l'hallucination et de l'hallucinose (hallucination dont le sujet reconnaît lui-même le caractère anormal ou morbide) et de toute vision de type illusoire (perceptions imaginaires d'objets irréels).

Apparition provoquée par un médium

L'apparition est généralement spontanée. Elle se passe sans l'intervention d'un médium. C'est le cas des esprits saints qui apparurent à Jeanne d'Arc. C'est aussi celui de toutes les manifestations divines ou saintes qui parsèment les textes saints comme la Bible. Dans les séances de spiritisme, il peut être question de provoquer l'apparition. Soit par ectoplasmie (voir : ectoplasme), soit par tout autre moyen.

Nécromancie

Les apparitions nombreuses dans les traditions du monde ont donné naissance à la nécromancie (voir ce mot). Les pratiques nécromantiques, entachées de superstitions constituent cependant les prémices lointaines du spiritisme.

Vérification

Le problème des apparitions, c'est qu'on peut toujours les confondre avec des hallucinations ou des visions et qu'on ne saurait en vérifier la réalité. C'est pourquoi le spiritisme moderne a utilisé tous les moyens à sa disposition pour vérifier, établir des preuves tangibles de toute sorte d'apparitions : enregistrements audio et vidéo, photographies d'ectoplasmes.

ECTOPLASME

Exsudation

L'ectoplasme (du grec *ektos*, en dehors et *plasma*, ouvrage façonné), est **une manifestation matérielle**, ou du moins observable issue du corps d'un médium en transe. L'ectoplasme « sort » généralement par les voies naturelles (anus, appareil génital, seins, oreilles, yeux) du médium. Mais il arrive, plus rarement, qu'il puisse venir d'un doigt, du front…

Substance blafarde

Il s'agit, le plus souvent, d'une substance blafarde, fort brillante, nuageuse, voire d' « un petit filet de vapeur claire, légèrement brillant ». Il forme un « nuage blanchâtre, légèrement bleu » qui finit par prendre la forme d'un corps humain.

Gaze ou mousseline

Ces manifestations (« apparitions ») venues de l'au-delà ne sont pas toujours uniquement visuelles. **Certaines parlent, se déplacent en marchant d'un pas glissé caractéristique.** On peut leur serrer la main, converser avec elles. On a comparé leur texture à celle de la gaze ou de la mousseline.

Analyse chimique

Cette substance ectoplasmique a été analysée par le M.I.T. (*Massachussets Institute of Technology*). Elle contient du potassium, du chlore, du sodium, de l'eau. Il s'agit là d'éléments peu rares sur la Terre. Le plus curieux c'est qu'elle contient aussi des cellules épithéliales et des corpuscules, leucocytes (globules blancs) et hématies (globules rouges) constitutives du corps humain.

Besoin de chaleur ?

Le fluide qui anime les ectoplasmes n'est pas du même ordre que le *ch'i*, l'énergie vitale des êtres vivants. Il s'agit d'un autre souffle, immatériel autant que subtil. De ce fait, les ectoplasmes sont froids. Ils n'ont aucun besoin de chaleur, sinon, parfois, de chaleur humaine, d'amitié, de sollicitude.

Esprits

Classification

Pour la commodité de l'explication, les spirites ont pourtant divisé les esprits en trois catégories ou classes. Il s'agit bien entendu d'un artifice destiné à la pédagogie et ne rendant pas compte de la réalité, de la complexité du monde spirituel. On a essayé d'être le plus exact possible. On distingue donc :

1 – Les purs esprits

Ce sont les « parfaits », ceux qui sont parvenus à la perfection. Ils ont su se débarrasser de la chair et même de son souvenir sensible pour naviguer dans une pureté absolue. Ils ignorent tout désir et toute tristesse. Ils sont graves et bienveillants. Leur seul souci est le bien. En toute humilité.

2 – Les bons esprits

Ces esprits de deuxième classe ou ordre ne possèdent pas toutes les qualités ou dignités des purs esprits. Ils ont la possibilité de faire le bien. Leurs degrés de perfection sont assez disparates : quelques-uns n'ont que le bonheur en tête. D'autres possèdent la science. La sagesse est le signe de certains. Parmi eux, on trouve **les entités protectrices** de la plupart des religions. Et, parmi eux, **les anges gardiens** du catholicisme.

3 – Catégorie intermédiaire

Il existerait une catégorie de bons esprits légèrement moins bons. S'ils possèdent la science, le sens de l'art, la bonté, ils ne sont pas toujours exempts de défauts terrestres, très atténués, évidemment. Ils peuvent se montrer jaloux ou coléreux.

4 – Les esprits imparfaits ou inférieurs

Ces esprits de dernier ordre sont tout d'abord ignares, ignorants. Non pas forcément à cause de leur condition durant leur vie terrestre, mais trop souvent par haine de la culture, du savoir, de la science. Ils se délectent du malheur et des perversions humaines. Rien ne leur plaît plus que la guerre. On ne peut rien leur cacher, comme c'est le cas pour tous les esprits. De ce fait, ils peuvent se servir de ce qu'ils savent de nous pour nuire. Par exemple, ils n'hésitent pas à se faire passer pour un être cher récemment disparu, afin de générer le scandale, l'inquiétude ou le désespoir dans une famille éplorée. Ils mettront longtemps, en temps spirituel à avancer, à devenir meilleurs. Mais ce n'est pas désespéré. Surtout si des spirites éclairés, bienveillants, expérimentés, emplis de sollicitude les y aident… A leurs risques et périls, comme nous le verrons ci-dessous !

5 – Les esprits folâtres ou légers

Ils sont en quelque sorte « hors catégorie ». Disparates, inattendus, inopportuns, ils se montent confus, malicieux. Rarement méchants. Farceurs impénitents, ils mystifient, se livrent aux blagues les plus grotesques, aux plaisanteries les plus énormes et pas toujours de très bon goût. Parmi eux se trouve Titivillus, le « diablotin » qui se plaisait à faire faire des fautes aux moines copistes (il s'agissait d'un moine déjà primesautier de son vivant) et tous les « esprits frappeurs » ou déplaceurs d'objets.

Attaches charnelles et relativité temporelle

En résumé, les esprits supérieurs planent haut, mais sont souvent accessibles à notre sincérité. D'autres pratiquent le rase-mottes et parcourent l'infini d'un vol d'ailes flapies. Ils ne parviennent pas encore à se détacher vraiment de leur chair. Ou encore, ils ont été invoqués trop tôt après leur mort. Ceux qui restent attachés à leur écorce organique peuvent avoir besoin de nous pour les aider à s'élever vers la pureté. Mais gare ! aider un être humain, mort ou vivant, n'est pas une sinécure. Les esprits n'ont cependant pas les mêmes préoccupations que les vivants. Ils sont « ailleurs ». De « l'autre côté ». Ils n'y sont que provisoirement. Le temps n'existe pas pour eux. Ou plutôt, ils possèdent et vivent leur propre temps. Autant qu'on puisse le savoir !

Grâce

Une certaine grâce - Dieu, peut-être - leur ont donné le loisir de nous contacter, de répondre à nos appels. Parfois comme ils le firent eux-mêmes : nombreux sont les spirites défunts qui conversent avec les vivants.

Questions et affinités

En général, le spirite veut poser des questions à l'esprit. Il existe cependant des spirites qui aiment simplement converser ou ressentir une présence bénéfique auprès d'eux. Pour ce faire, il faut connaître un esprit familier, l'invoquer d'une façon complice. Dans ce cas, la communication se fait d'une façon très facile.

C'est la règle des « **affinités sélectives** », des tendances complémentaires et correspondantes à la fois. Souvent, dans un premier temps « ce qui se ressemble s'assemble ». Le ou les spirite(s) et l'esprit vivent une « lune de miel ». Mais, comme dans les rapports humains, il faut des différences pour éviter la fusion, l'indifférenciation, l'attachement pervers.

Esprits imparfaits malfaisants : leurs méfaits

Certains esprits imparfaits, malfaisants ou faibles peuvent s'acharner sur un spirite malhabile ou dont la foi n'est pas assez pure. Ou encore habiter littéralement un être humain. Pour lequel cela devient une obsession. La présence de l'esprit semble constante. Et la victime ne parvient parfois plus à se distinguer de l'autre, du mort. Il devient psychophore (du grec *psycho*, âme et *phore*, qui correspond au verbe « porter »), **c'est-à-dire porteur d'un autre esprit qui parasite le sien**. Ce qui peut évoluer vers l'autisme, la schizophrénie et autres troubles mentaux. En ce cas, l'esprit n'apparaît plus comme réellement mort, puisqu'on porte son âme. Il vit dans sa victime. Il va vivre mieux et plus que sa victime dont il dissoudra peu à peu la personnalité.

« Tombeau vivant »

La victime peut aussi devenir en elle-même le « tombeau vivant » d'un esprit, sa sépulture. Petit à petit, on se sentira mourir, passer « de l'autre côté », devenir soi-même esprit. Et l'on se croira mort tandis que « l'autre » survivra, finira par sortir de la tombe comme un insecte de sa chrysalide qu'il laissera vide, diaphane, inutile. Morte. C'est le syndrome de Cottard (du nom du premier psychiatre l'ayant décrit) et c'est une atteinte fort grave bien que rare. Elle n'est pas toujours due au spiritisme, ni à la présence réelle d'un esprit. Mais le fait de devenir ainsi rongé de l'intérieur par un être mort n'en constitue pas moins l'un des dangers du spiritisme mal compris. Et mal pratiqué.

Autoscopie

Ce syndrome, mais pas seulement lui, peut s'accompagner d'autoscopie (du grec *auto* ; soi-même et *scop* ; le fait de voir) : **on se rencontre soi-même**. Le grand écrivain **Guy de Maupassant**, qui pratiqua le spiritisme, était atteint de ce mal qui, chez lui, semble avoir aussi été dû à la syphilis. À force de se voir, de se rencontrer, la victime en vint à douter de sa propre réalité. Il acquiert la certitude que l'autre, son reflet, son double, existe : il vit, ou plutôt végète au profit de l'image délirante, « qui lui ressemble comme un frère » qu'il perçoit de temps en temps, qu'il croise dans la rue, dans un lieu public, etc. Qui est l'esprit qui est lui-même ? Qui reflète l'un et l'autre ? Il s'agit d'une attaque particulièrement insidieuse de morts indélicats, d'esprits pervers surgis de l'au-delà pour parasiter un être humain vivant...

Cibles privilégiées

Ces défaillances, ces maladies interviennent particulièrement chez les spirites fragiles, en mauvaise santé ou peu cultivés. Ou encore chez des personnes se voulant extrêmement positives, à la mentalité parfois étroite, intolérante. Et aussi chez les incrédules, les scientifiques, les rationalistes, les sportifs, les militaires lorsqu'ils découvrent tout à coup une autre réalité qui les déstabilise d'une façon souvent spectaculaire.

Incertitudes

Cependant, il existe des tempéraments nerveux, émotifs ou, au contraire, hyperpositifs que ce genre de troubles n'atteint jamais. D'autres en souffrent légèrement. Il n'y a pas de loi en l'espèce. Ni de certitude.
Comment faire, donc, pour ne pas s'exposer à ces malheurs ?

Savons-nous ce que sont les esprits ?

Nous ne pouvons malheureusement pas tout connaître des esprits. Cependant, et parfois grâce à la communication avec l'un d'entre eux, nous pouvons savoir certaines choses, les comprendre partiellement, mais mieux. **Il apparaît que les esprits, mauvais ou bons, bienveillants ou hypocrites ne sont rien d'autre que des hommes et des femmes comme tout un chacun.** Si leur corps s'est dissous, ils n'en demeurent pas moins les mêmes, avec les qualités et les défauts qu'ils eurent de leur vivant. L'esprit d'un imbécile est un esprit imbécile. Celui d'un assassin porte la marque de son crime. Encore que le remords, la volonté de rédemption puissent le bonifier d'une façon spectaculaire. Il arrive que ce soit grâce aux spirites.

Rédemption d'esprits par le spiritisme

Toute âme peut devenir sensible : il suffit de trouver les mots qui l'émeuvent, la touchent. Comme nous l'avons dit, on peut aider un mort. Et si un groupe de spirites plein de sollicitude « prend en charge » un esprit dont la vie terrestre fut dévoyée, il arrive qu'il s'améliore et qu'au lieu de nuire, il n'utilise ses pouvoirs qu'à bon escient. Cette possibilité demande une régularité sans faille, la présence intégrale du groupe à chaquc séance... Et la foi constante.

Rédemption de vivants par les esprits

Un esprit ne constitue pas l'intégrité de l'être. Et non pas seulement parce la chair n'y est plus associée. Elle en est plutôt la mouvance, les virtualités, les puissances, les possibles. **En communiquant avec les esprits, nous nous parlons aussi à nous-mêmes, à l'image de ce que nous serons.** L'esprit révèle en nous l'éternel. L'éternité contenue en chacun de nous. Mais aussi l'Éternel : ce que nous est Dieu dans Son mystère... En communiquant avec les esprits, il deviendra possible de se connaître, d'accéder à ce qui se cache en nous. Ce que nous sommes lorsque nous refusons d'affronter notre réalité. C'est une sorte de nudité spirituelle : les oripeaux de faux-semblants, de lâcheté, de cupidité, d'intérêt, de désir libertin ne sont pas de mise. Les mauvaises tendances qui gênent dans la vie quotidienne peuvent s'estomper, puis disparaître lorsqu'on fréquente les esprits. **L'au-delà peut nous aider à choisir le bon chemin.** Ou de poursuivre notre route en connaissance de cause, différemment. Chacun trouvera son propre calme, voire une allégresse grave qui n'est guère descriptible. Il est possible de devenir meilleur !

Espèce, nature…

Même si nous pouvons agir les uns sur les autres, vivants et esprits ne sont plus de même nature, même s'ils sont de même espèce. **Les esprits ne comprennent plus nos usages :** il semble qu'on oublie vite la condition humaine terrestre dès qu'on en est sorti. De plus, la mort est, évidemment, un passage qui transforme profondément l'être. En même temps, la pureté de la désincarnation, sa vacuité, sa légèreté permettent de relativiser les choses d'une façon qui nous sera toujours étrangère, du moins tant que nous subsisterons sur terre. Si les esprits nous ressemblent, ils ne sont pas nous. Ils ne nous ressemblent que comme certains parents éloignés dont on reconnaît les traits comme proches des nôtres mais qu'on ne connaît, au départ, que de nom et par quelques particularités. Osons le truisme, l'évidence, puisqu'ils cachent un mystère, puisqu'ils ne sont pas aussi transparents qu'il y paraît : nous sommes ce que nous sommes, les esprits sont ce que nous serons.

Se préparer au « Futur éternel ».

Ce que nous serons… la fréquentation de ce « futur éternel » qu'est l'au-delà provoque un vertige, un trouble. De plus, les séances de spiritisme fatiguent, épuisent, éprouvent. Il faut s'y préparer du mieux qu'on peut, tandis que ce qui nous est parfois révélé lors des séances peut nous effarer, nous « secouer »… Il convient donc de se préparer, d'aplanir le chemin des esprits. Mais attention ! Il s'agit aussi de se préparer à la mort… à notre propre mort ! Ce qui signifie l'envisager sans crainte !

Magnétisme

Transmission du fluide vital

Plus particulièrement utilisé pour l'exploration des vies antérieures, le magnétisme ou biomagnétisme est une transmission, le transport de fluide vital d'un être à un autre au moyen de passes. Il fut répandu par Franz Mesmer, médecin allemand (1734-1815), fondateur de la théorie du magnétisme animal ou *mesmérisme* au XVIIIe siècle. C'est l'un des meilleurs moyens d'explorer l'au-delà. Il est aussi fort utile au spiritisme.

Magnétothérapie

Mais aussi la conscience. Les « médecines douces » s'en servent énormément. Aussi, pour mieux se connaître, le médium comme les spirites peuvent s'en servir pour explorer les zones mystérieuses de leur être, de leur moi. En améliorant la condition physique autant que psychique, la magnétothérapie constitue un excellent moyen de se révéler à soi-même sa propre réceptivité.

La même longueur d'ondes

Il faut avoir une grande confiance dans le magnétiseur. Il faut se livrer à lui **pour laisser les ondes magnétiques explorer le plus profond de l'être.** L'ajustement de polarité entre l'opérateur et le sujet peut prendre de longues minutes. Les courants électromagnétiques diffus doivent se retrouver sur la même longueur d'ondes et s'orienter d'une façon harmonieuse l'un envers l'autre. Avec un différentiel dynamique, une impédance permettant à l'opérateur de diriger la séance, de « coacher » le sujet. En lui transmettant une énergie purifiée par la concentration. Ce qui correspond à un « accordage » extrêmement précis.

Médiumnité magnétiquement assistée

Le sommeil magnétique permet à qui n'est pas médium de le devenir en exacerbant son rayonnement psychique. Pour un médium, il pourra réduire le délai nécessaire à l'évocation spirite.

Dédoublement

L'opérateur, une fois acquise la confiance du sujet, l'endormira par des passes spécifiques. Ensuite, il le dédouble, en crée une sorte de « clone psychique », pour des raisons de sécurité. Car, une expérience marquante au cours d'un sommeil magnétique risque de perturber profondément le psychisme du sujet. Le « double » sera donc nécessaire : **c'est lui qui subira l'expérience, effectuera le « voyage »**. Il peut aussi, à ses risques et périls, agir sur le corps physique du sujet autant que sur le double.

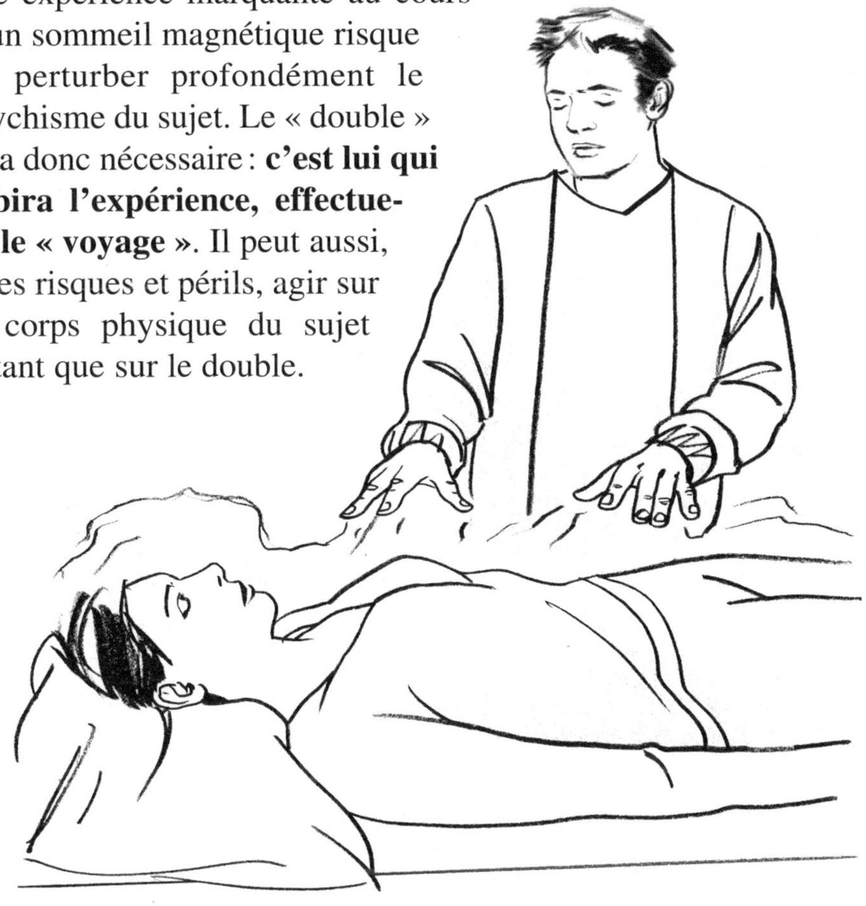

Précautions

Pour bien vérifier que le sujet « suit » parfaitement, qu'un esprit malin ne l'a pas investi, **l'opérateur lui prendra fréquemment le pouls**. Il placera tout aussi fréquemment sa main sur le front du « dormeur » pour vérifier qu'il n'éprouve pas une éventuelle hypothermie. En ce cas, on appliquera des serviettes chaudes (placées sur un radiateur, par exemple ou chauffées à four doux ou au micro-ondes). Le pire serait l'apparition d'une fièvre ardente. Auquel cas, il faudra réveiller d'urgence le sujet et le plonger dans un bain tiède (au-dessous de sa température corporelle). Ne jamais hésiter à appeler un médecin !

Suggestion

Le sommeil magnétique sert généralement, comme nous l'avons dit, à explorer les vies antérieures. Pour ce qui nous préoccupe, il permet de rencontrer les esprits. Le magnétiseur va « pousser » le sujet endormi vers différentes zones de l'intermonde. La conscience déplacée du « dormeur » le guidera vers tel ou tel esprit tandis que l'opérateur pourra renforcer la perception par la suggestion orale ou mentale de type télépathique. C'est épuisant et l'opérateur aura à « récupérer » longuement par un bon sommeil, naturel cette fois !

Objet

Pour aider à la communication spirite, on peut placer sur le ventre du sujet endormi un portrait de la personne défunte qu'on veut rencontrer, ou dans ses mains un objet ayant appartenu à l'esprit que l'on veut évoquer. Ensuite, il n'y aura plus qu'à procéder de la façon habituelle, comme avec un médium.

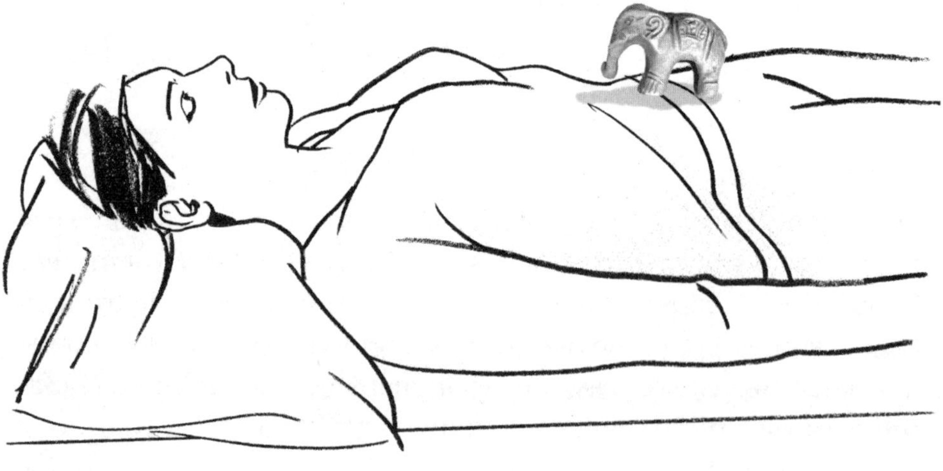

Médium et médiumnité

Entre deux mondes

L'intermédiaire, la transition, le moyen... **Un médium est l'intercesseur entre le monde des vivants et celui des morts.** Il expérimente la communication. Il l'éprouve. Il la vit. Il peut en souffrir. Souvent, un médium est épuisé, physiquement et nerveusement lors d'une séance de spiritisme ou de divination. On le voit hâve, les yeux cernés, tremblant, larmoyant. son discours devient indécis comme s'il se trouvait sous l'emprise de l'alcool. C'est parfois impressionnant. Mais quelques jours de repos remettent aisément les choses en place.

Transes

Ce qui va parfois plus loin. Certains médiums sont le théâtre de manifestation spectaculaires : crises d'agitation faisant penser à la démence ou à la fureur, tremblements, etc. **La transe et fort impressionnante.** Les contractions tétaniques aussi. Il s'agit d'états réceptifs particuliers que les esprits jugent nécessaires, voire indispensables à la communication.

Lourd fardeau

Ce n'est pas forcément volontaire. La médiumnité représente une sorte de grâce, encore que certains médiums involontaires se plaignent du poids de la responsabilité qui pèse sur eux. Hélas, ils n'ont pas le choix. Ils ont été en quelque sorte « élus » par les puissances secrètes.

Tous médiums ?

Le médium est un homme ou une femme comme les autres. **D'ailleurs, à divers degrés, nous sommes tous médiums.** Chacun a pu expérimenter un événement étrange dans sa vie, une prémonition, par exemple ou quelque chose d'inexpliqué. **L'être humain est une sorte de récepteur d'ondes.** Et, si cela ne suffit pas à établir une véritable médiumnité, cela n'empêche pas que tout un chacun puisse montrer à un moment ou à un autre, une attitude d'esprit le menant à un bref état paranormal.

Artistes

Sans aller jusque-là, on peut considérer que les artistes, les poètes sont, à des degrés divers, des médiums. Ils le disent sans même s'en rendre compte : ils sont « habités » par la flamme créative. Ils ressentent le souffle de l'inspiration. Certains écrivains ont parfois l'impression de rédiger sous l'influence d'une « dictée » mystérieuse.

Conscience

Le médium, proprement dit, est celui qui a pris conscience de cet état. Il peut appartenir à toutes les classes sociales, exercer n'importe quelle profession, pratiquer n'importe quelle religion. Ce peut être aussi bien un enfant qu'un vieillard. Car il arrive que le don de médiumnité se manifeste soudainement au soir de la vie, alors que rien ne pouvait laisser supposer qu'il existât. Parfois, ce don est le fait de personnes rationalistes, absolument hostiles au spiritisme ou à tout ce qui est occulte. Certains médiums font preuve d'une intelligence exceptionnelle. D'autres sont parfois retardés mentaux ou fort malades psychiquement. Il n'y a pas de loi.

Profondeur

Chez les sujets doués d'une intelligence normale ou supérieure, **la prise de conscience de ce pouvoir modifie souvent la personnalité**. Ou plutôt, la renforce, lui permet d'aller au bout de la conscience de soi. Car la médiumnité atteint l'être même. Ce n'est pas un simple don comme l'aptitude à la course à pied ou la « bosse des maths ». C'est plus profond, plus vrai. Plus constitutif de la personne. Et surtout, consubstantiel à l'être. Rares, d'ailleurs, sont les médiums qui perdent totalement leur pouvoir.

Souffrances éventuelles

Celui qui découvre sa médiumnité n'est pas au bout de ses peines ! Parfois, il prévoit sans le vouloir des événements épouvantables. Certains « voient » en eux-mêmes des scènes atroces à venir, des guerres, des meurtres. On connaît un certain nombre de cas dans lequel des médiums ont sombré dans la dépression. Voire dans le désespoir ou le syndrome de Cottard, l'asthénie mentale, la mélancolie. Une exposition à un rayonnement ultra-violet (voir ce mot) peut atténuer fortement ces risques…

Traitement des troubles atteignant les médiums

Heureusement, beaucoup de psychiatres sont formés à soigner ce genre de problème. Le traitement est simple, mais efficace : on commence par « calmer le jeu » à l'aide de médicaments, de l'administration d'antidépresseurs ct d'anxiolytiques lourds. En effet, il faut que, durant une bonne semaine, le traumatisme ne soit plus ressenti. Il s'agit certes d'une action extrême à mener avec précautions. Puis, au fur et à mesure que le patient revient à son état de conscience normal, on cherche, par la parole bienveillante et non impliquée à noter quelles résonances les événements prévus suscitent chez le patient. Le travail suivant consiste à le « réharmoniser » avc son don, à lui redonner espoir. Comme on le voit la médiumnité, même si elle et une grâce, n'est pas complètement sans dangers.

Angoisses chamaniques

Il en est de même chez tous les intermédiaires : les anciens chamans des terres mongoles éprouvaient des crises périodiques d'hystérie. **L'oracle de Delphes donnait le spectacle d'une agitation frénétique effrayante.** Il semblerait, mais ce n'est pas prouvé, que les épileptiques soient prédisposés à la médiumnité. Et, d'ailleurs, de nombreux voyants, comme les sorciers africains ou les pythies recourent à l'usage de drogues, souvent par fumigation. Ce n'est pas seulement pour mieux entrer en contact avec l'au-delà, mais aussi pour calmer les angoisses, voire la terreur que peut provoquer la certitude d'un événement horrible à venir.

La clef

Lorsqu'on a conscience de sa médiumnité, on peut la vivre d'une façon harmonieuse. Ce sera d'autant plus facile qu'on essaiera de cerner le but de sa recherche, de son existence. **La première chose est de ne rien demander en retour de cette grâce.** Sinon, on sera vite la proie des esprits les plus vils. Bien sûr, le mieux est de creuser en soi-même et, comme disait un médium d'autrefois « devenir une mine d'amour dont on extrait chaque jour des pépites scintillantes et précieuses ». Bref, l'amour est encore une fois la clef !

Un rapport

On n'est pas médium indépendamment des puissances supérieures. Ce n'est pas une propriété, mais un rapport. Il s'agit d'un lien, d'une relation, elle peut parfois être brouillée comme les ondes radiophoniques durant un orage.

Personnalité du médium

Le médium, avons-nous dit, est une personne comme les autres. Il a donc ses qualités et ses défauts. Bien qu'il puisse se trouver en contact avec de purs esprits, il appartient à la condition humaine des vivants. Ce qui peut parasiter la relation. Aussi, **le médium qui veut conserver son excellence devra périodiquement se livrer à un examen de conscience**. Il ne guérira pas de ses défauts : il demeurera envieux s'il est envieux, avare s'il est avare, luxurieux s'il est libertin. Mais ces penchants s'atténueront sensiblement et ne parasiteront plus son action.

Glossolalie

Le médium ne comprend pas toujours le message qu'il reçoit. Parfois, **il peut délivrer une communication dans une langue étrangère qu'il ne connaît pas.** C'est qu'il s'agit d'un esprit étranger qui a ses raisons de parler ainsi. La plupart du temps, le médium prononce les phrases inconnues avec l'accent le plus pur et la correction grammaticale la plus exigeante. Ce qu'il ne ferait jamais dans un autre état que dans la transe médiumnique. Ce phénomène ou glossolalie fut considéré comme un signe de possession diabolique dès les débuts du christianisme. Et l'on a torturé et brûlé des innocents dont le seul « défaut » était d'être médiums.

Les deux catégories principales de médiums.

Allan Kardec, dans le célèbre ***Livre des Médiums***, distingue deux grandes catégories de médiums :

1 – **Médiums à effets physiques**
Ce sont ceux dont la seule présence provoque des effets spectaculaires ou inattendus. Cc sont eux qui attirent les esprits démonstratifs, frappeurs, moteurs, ou qui provoquent le jeu d'un piano, d'une guitare, d'une flûte sans contact avec un instrumentiste. Ils peuvent aussi guérir certaines maladies. Certains saints font partie de cette catégorie, ceux qui « font des miracles » : ce sont les médiums à effet physique.

2 – **Médium à effets psychiques**
D'autres médiums sont auditifs, c'est-à-dire, par exemple « entendent des voix ». Celles des esprits parlants. Ce sont principalement les voyants, les inspirés ou prophètes. Ils écrivent, dessinent parfois sous l'influence des esprits. Doués d'une force de pénétration de l'âme humaine, ce sont, de plus, d'excellents psychologues, fort compréhensifs. Ils peuvent même guérir des désordres, des troubles mentaux dont ils sont eux-mêmes atteints : l'alcoolisme par exemple. S'ils mènent une vie dissolue, cela ne les empêchera pas d'aider paradoxalement une personne à retrouver le droit chemin.

Mélanges de catégories

Ces deux catégories ne sont évidemment pas toujours aussi bien tranchées : **différents degrés existent et certains médiums équilibrent ces tendances ou les possèdent toutes deux à divers degrés.** Encore une fois, la nécessité d'expliquer le plus clairement possible nous mène à simplifier. Néanmoins, le lecteur comprendra de lui-même que c'est pour ne pas l'embarquer dans un fatras de considérations complexes et imprécises.

PÉRISPRIT

Semi-matérialité

Le périsprit (du latin *peri*, **autour**, et de *spiritus*, **esprit**) est une notion particulière du spiritisme. **Elle correspond à la réalité naturelle d'une enveloppe semi-matérielle de l'esprit.** Il s'agit de nommer cette énergie vitale qui ne se résume pas à un simple transport fluidique électromagnétique.

Un défi à la mesure

Ce serait trop simple et, dans ce cas, n'importe quel courant électrique suffirait à appeler les Grandes Ombres ! une pile à l'oxyde de fer, un générateur à manivelle, une batterie d'automobile seraient suffisants. Les échanges purement physiques et matériels d'ondes mesurables sont, certes importants. Mais il y a « autre chose » qui défie la mesure.

Sensations et perception

Mais non la perception. Ni la sensation de « l'être-là ». Et ce quelque chose modifie non seulement les polarités électromagnétiques, leurs impédances (mesurable en ohm, ce qui s'écrit : Ω) et valences (faculté d'attirance ou de répulsion comparable au magnétisme, mais non pas seulement bipolaire), mais aussi ce qu'on pourrait nommer leur « nature » même. Nous sommes en présence d'un phénomène mystérieux, mais facile à éprouver. Le périsprit peut revêtir divers aspects. Y compris des formes visibles et/ou palpables.

Pulsions et désirs

Après tout, nos pulsions, nos désirs sont à la fois psychiques et physiques. **L'imagination seule peut faire naître le désir.** Il suffit de penser à un citron pour saliver. L'inconscient crée le fantasme qui se manifeste physiquement. Le périsprit y ressemble sans y correspondre tout à fait. Nous ne pouvons, hélas, en parler que par périphrases et métaphores.

Une relation

Le périsprit, chez un être humain vivant constitue le support d'une relation. **C'est la frontière entre l'esprit et la matière qui y trouvent – ou non – leur équilibre énergétique.** Pour les défunts, il s'agit du « corps fluidique », de ce qui agit en eux et leur permet de parler aux vivants.

Le travail du périsprit

Le spirite qui veut affiner sa médiumnité, sa réceptivité peut essayer de travailler son périsprit d'une façon « ciblée ». Il s'agit d'atteindre ce qui, en chacun de nous, est à la fois matière et esprit sans être ni l'un ni l'autre. Pour cela, il est nécessaire d'affiner nos perceptions synesthésiques (voir ci-dessous à Synesthésie).

Correspondances

Ce qui ressemble aux « correspondances » poétiques. Les sons et les couleurs, disait Baudelaire, se répondent. La vue et l'ouïe peuvent utiliser le même vocabulaire ; on parle, dans ces deux domaines, de chromatisme tandis qu'on s'offusque de voir des couleurs *stridentes*.

La méthode pour perfectionner le périsprit

Pour « muscler » le périsprit, il conviendra de renforcer ces correspondances en tâchant d'associer une perception à un objet, une sensation à une matière. **Voici comment procéder :**

1. Reprenons l'exemple du citron : la salivation nous évoque son goût. Il s'agit véritablement d'une évocation, bijection intime de l'extériorité et de l'intériorité. C'est déjà, par analogie

directe, le même rapport qu'entre le mort et le vivant, l'esprit et le spirite.

2. On ressent le goût du citron, on salive. C'est le réflexe conditionné de Pavlov. Ajoutons-lui un autre *stimulus*, un autre support de sensation. Le citron, c'est aussi une couleur. Un jaune vif. Qui peut même éblouir, un jour de grande clarté. On pensera au soleil, et l'on évoquera la chaleur de cet astre.

Autres sens, autres sensations

La synesthésie est maintenant bien avancée : goût, vue, toucher. En étant attentif, on peut entendre le bruit de frottement de l'écorce de citron sur les cannelures du presse-agrumes. Ou le vrombissement d'un tel appareil électrifié.

Associations

Ainsi, le modeste citron sera le support d'associations diverses nous menant dans le cosmos, en pensant au soleil et concernant tout aussi bien l'ordinaire préparation d'un grog ou d'une boisson rafraîchissante, un jour très chaud durant lequel le soleil « tape dur » ! Encore un transport : la sensation de chaleur assimilée à un coup.

Matière, esprit, tangible et idéal

On tâchera de pratiquer ainsi avec, comme support, d'autres objets. La préparation par synesthésie permettra au médium de mieux réagir à la suggestion, de ressentir la chaleur lorsqu'elle sera proposée par l'opérateur, ou le froid, ou telle ou telle sensation. Il s'agit de cultiver le périsprit, qui est l'intime point de contact entre le matériel et le spirituel, entre le tangible et l'idéal.

Élargissement de la méthode

Ces représentations peuvent aussi être pensées, réfléchies selon la méthode Comecon (voir ci-dessus) : Cogitation, méditation, contemplation. C'est encore un voyage à l'intérieur de son propre périsprit.

POLTERGEIST

Esprits farceurs

Les poltergeists sont, au départ, **des esprits farceurs**. Ils sont mentionnés dès le haut Moyen Âge en Allemagne. Cependant, ils semblent provenir du vieux fonds légendaire germano-scandinave. Ils sont parents des nombreux lutins, tontes, diablotins, korrigans que nous présentent maintes traditions populaires. En fait, **ils correspondent vraisemblablement à nos esprits inférieurs et farceurs.** Néanmoins, ce caractère souvent primesautier ne doit pas nous cacher la réalité : ils peuvent se révéler extrêmement dangereux.

Bruits divers et fleurs colorées

En effet, leurs activités vont de la blague, pas toujours de très bon goût, à des manifestations beaucoup plus inquiétantes. Des bruits divers de la typtologie (communication des esprits au moyen de coups frappés par les tables tournantes), aux déplacements d'objets, **leurs actions sont souvent spectaculaires**. Ils peuvent matérialiser, dématérialiser, vandaliser une habitation, un lieu de travail. Ils aiment aussi écrire sur les murs dans des langues inconnues ou improbables. Certains font le ménage dans un appartement en désordre. Parfois, ils changent la couleur de fleurs en pots ou en bouquets durant la nuit. D'autres sont capables de transformer un jardin : là où il y avait des roses, on retrouve des géraniums, etc.

Dégâts impressionnants

Jusqu'ici, rien que de bénin, même si c'est souvent fort agaçant. Mais il y a plus grave. Les poltergeists n'hésitent pas à détruire l'entente d'un couple, briser un mariage : ils adorent les scènes de ménage, les divorces. Ils vont jusqu'à assassiner des animaux d'une façon aussi cruelle que sanglante. S'ils tuent rarement des êtres humains, ils peuvent les placer en situation de danger extrême (section d'une conduite de gaz, transport dans un lieu dangereux, incendie, etc.). Les violents mouvements de meubles ne sont pas rares, et la projection d'une lourde armoire cause des dégâts impressionnants.

Temps limité

Par chance, leur action est limitée dans le temps : on ne doit les supporter que durant quelques mois, voire un an, environ. Ce qui leur donne, hélas, la possibilité de nuire profondément, de détruire et de désespérer leurs victimes.

Que faire ?

Lutter contre les poltergeists n'est pas une mince affaire. Certains font appel à des « **chasseurs de fantômes** ». Le mieux serait, toutefois, de les contacter lors d'une séance de spiritisme et d'établir avec eux une conversation franche et directe. Voir, si l'on dispose d'un médium expérimenté, de les morigéner. On peut aussi tenter de faire intervenir d'autres esprits, plus bienveillants qui intercéderont. Aucune de ces démarches n'est facile, mais on a des exemples de réussites encourageantes…

SYNESTHÉSIE

Multisensorialité

La synesthésie (du grec *syn*, **avec** et *aesthesis*, **sensation**) est l'association de plusieurs sens pour accorder la pensée du médium à une réception optimale. Dans un état médiumnique, on peut faire toucher au médium un objet (vêtement, etc.) ayant appartenu au défunt que l'on veut évoquer. Ce contact permettra de faire revenir certains souvenirs. C'est, en gros, la fameuse madeleine de Proust : la sensation ramène les images du passé.

Fonction d'accueil

Le toucher d'un vêtement peut rappeler l'odeur de ce vêtement, donc le parfum dont usait celui qu'on veut joindre. De

là, on pourra visualiser intérieurement le flacon de ce parfum, se souvenir de son nom. On créera donc un « **paysage mental** » dans lequel l'esprit se reconnaîtra, se retrouvera. La fonction d'accueil du médium en sera renforcée : l'esprit qui viendra en lui se sentira « chez lui ». Il sera, en quelque sorte rassuré. Il se trouvera « en pays de connaissance ».

Histoires de famille

La perception synesthèsique a permis, parfois, de retrouver un souvenir oublié, mais important voire « refoulé ». Le contact avec l'esprit peut en bénéficier. Des mystères peuvent s'en trouver éclaircis, tandis qu'on trouvera parois la clef de vieilles histoires de famille conflictuelles. On révélera donc parfois les « non-dits » pesants par la synesthésie.

Démasquer les esprits inférieurs

De ce fait, le médium, l'opérateur ou l'assistance pourront facilement savoir si un esprit inférieur ou farceur tente de se faire passer pour celui que l'on veut invoquer. Nous savons, hélas, que ce genre d'imposture n'est pas rare.

Manifestation spontanée d'un esprit par la synesthésie

Un esprit peut se manifester en produisant une synesthésie. En ajoutant un son à une odeur ambiante. De nombreuses combinaisons sont possibles, avec les cinq sens et les souvenirs partagés avec le vivant que l'esprit veut contacter.

Restaurant

L'un des cas les plus classiques se passe au restaurant : on déguste un plat favori. Et, soudain, on entend intérieurement une voix qui « va » avec ce plat. Celle d'une femme aimée, morte depuis déjà un certain temps et dont la spécialité culinaire était justement cette préparation. Ou encore, comme par hasard, une femme passe, parfumée du même parfum que la défunte ou portant un vêtement identique à celui qu'elle portait. Il s'agit, pour l'esprit, d'annoncer sa venue, d'être là avant de se manifester plus clairement. C'est une façon de prévenir de sa visite prochaine.

Périsprit

Un autre aspect de la synesthésie est **de renforcer la fonction intermédiaire entre le monde matériel et l'au-delà**. Il s'agit d'affiner le périsprit (voir ce mot).

TÉLÉKINÈSIE OU TÉLÉKINÈSE OU PSYCHOKINÈSE

La force de la pensée

Des objets changent de place, ils bougent. Et pourtant, rien ne semble les mouvoir. Est-il possible que la force de la pensée, à elle seule, puisse obtenir de tels résultats ? Cela semble invraisemblable. Et pourtant…

Centres de recherches

Depuis des décennies, d'importants centres de recherches se consacrent à l'étude de ce phénomène. Toute sorte de médium collabore avec des physiciens, des savants de diverses disciplines pour tenter de percer le mystère. Car c'en est un ! En effet, **la télékinésie a été maintes fois observée**. Et les centres d'études continuent de travailler sans résultats probants… On se demande donc pourquoi tant de persévérance, tant d'acharnement.

Matérialisme

D'autant plus que, paradoxalement, les plus importants centres d'études du paranormal, et, donc, de la télékinésie ont été fondés dans un pays se déclarant ouvertement matérialiste : l'ancienne U.R.S.S.

Le secret

Ce qui explique pourquoi, durant des décennies, le public n'a pas eu connaissance des résultats de ces travaux. « L'espionnite » régnant à l'époque, jointe au goût du secret poussait les chercheurs à se montrer discrets. Certains payèrent de longues années de détention pénible le fait de n'avoir pas su tenir sa langue.

Usage militaire

Il faut dire que, dans l'U.R.S.S. d'après la seconde guerre mondiale, ces recherches n'étaient pas innocentes. Il en était de même aux États-Unis. La « guerre froide » était vécue comme la préparation à un autre conflit ouvert. Et l'on pensait que la télékinésie, parmi d'autres pratiques encore mystérieuses, pouvait avoir un usage militaire. Déplacer des objets, diriger une bombe par la seule force de l'esprit ! C'est tout ce qu'ont trouvé, fort loin de l'humanisme et de la poésie spirite, les militaires de tout poil !

Un public élargi

Maintenant, et petit à petit, **les recherches anciennes sur la télékinésie sont portées à la connaissance d'un public élargi**. De nouvelles expériences ont lieu, souvent probantes. Mais l'habitude du secret fait qu'on les connaît peu... Même si la situation semble évoluer lentement.

TRANSCOMMUNICATION

Origines

La transcommunication est, *stricto sensu*, **toute communication paranormale entre les deux mondes, celui des vivants, et celui des morts**. On peut donc la dire fort antique, tandis que ses origines se perdent dans la nuit des temps : communiquer avec l'au-delà fut l'un des premiers soucis proprement humains.

Cavernes

Nos ancêtres, en découvrant la mort, découvrirent en même temps l'au-delà... Que dire des cavernes qui ne servirent presque jamais d'abri ? Que dire de ces grottes dans lesquelles un artiste n'est venu *qu'une seule fois* pour tracer les merveilleuses peintures rupestres que nous admirons encore ?

Art « utilitaire »

Il ne s'agissait évidemment pas de décoration. Autrement les hommes préhistoriques seraient revenus voir et contempler ces œuvres. « il n'y a d'art qu'utilitaire » disait l'anthropologue Leroy-Gourhan. Et, de fait, il semble bien que ces peintures servaient à favoriser la chasse, la pêche, l'amour. **Que les représentations ainsi tracées s'adressaient probablement à des esprits protecteurs.** Et que les vivants, après les avoir réalisées, les laissaient à ces esprits qui, seuls, avaient le loisir de les regarder, dans un lieu caché, voir secret. C'est-à-dire, au sens propre, une crypte (du grec *kruptos*, caché).

Magnétisme et *ch'i*

De plus, nous connaissons maintenant les courants magnétiques régnant dans les grottes et le cheminement de l'énergie dans les couloirs naturels, que les Chinois nomment *ch'i*. C'est encore un vecteur de communication spirite.

Appareils

Toutefois, dans le langage courant, le terme transcommunication désigne plus particulièrement **la transcommunication instrumentale, à l'aide d'appareils tels que magnétophones, téléphones, ordinateurs, etc.**

« Supports »

Il faut distinguer ces appareils des autres supports de la communication avec les esprits. Autrefois, après les cavernes paléolithiques, divers objets ou lieux servaient de « supports » tels qu'un crâne humain pour la nécromancie, les nombreux puits d'où sortent des voix. Même si certains alignements de pierres comme à Carnac ou à Stonehenge semblent être aussi des récepteurs d'ondes, et que le magnétisme, voire le rayonnement radioactif du granit est fort propice à l'évocation spirite.

Traitement des signaux

Les appareils modernes émettent et reçoivent des ondes d'une façon plus délibérée, plus ordonnée.
Même si leur usage spirite n'a rien à voir avec ce pour quoi ils sont faits. **L'apport de l'électricité au magnétisme a permis la multiplication des possibilités fréquentielles et, sur une bande large, tout peut arriver.** De plus, les signaux peuvent être amplifiés, filtrés, retraités, etc.

Voix

Voix intérieures et extérieures

Entendre des voix n'est pas si rare qu'on pourrait le croire. Et ce ne sont pas obligatoirement des messages religieux comme ce fut le cas de Jeanne d'Arc. Encore faut-il distinguer les voix extérieures de notre discours intérieur. D'autant plus que, dans certains cas médiumniques, les voix s'intègrent, deviennent partie prenante de la communication : « ça » parle en soi et « ça » se mêle à la voix même du médium. Il n'existe aucune méthode pour établir la certitude que les voix entendues ne sont pas nôtres. L'habitude seule le permet.

Diagnostic

Pour ce qui est des troubles mentaux durant lesquels le malade « entend des voix », la chose est plus simple : un ensemble d'autres symptômes éclaire facilement le diagnostic. Cela dit, si vous entendez des voix, ne vous croyez pas malade pour autant. Il peut s'agir d'esprits désireux de communiquer avec vous. Et souvent, au moment le plus inattendu.

Intentions diverses

Ces voix peuvent interpeller, attirer notre attention sur quelque chose. Certaines ordonnent. D'autres suggèrent ou même racontent des histoires. D'autres, enfin, dictent. L'inspiration par une voix extérieure est le principe de l'écriture de textes sacrés, de Saint Jean de Pathmos à Mahomet. Plus modestement, l'inspiration peut se trouver au rendez-vous. **Un esprit peut vous dicter ses mémoires, ou vous aider à trouver votre propre écriture.** Certains romanciers, et non des moindres, ont ainsi reçu une aide de l'au-delà. Parfois, des auteurs, des musiciens, demandent qu'on continue leurs œuvres.

« Sales petits secrets »

Les voix peuvent aussi provenir de parents défunts. De vieilles histoires de famille ont ainsi pu être réglées : des « sales petits secrets » furent ainsi exhumés de la mémoire taciturne de plusieurs générations cachottières.

Évocation

Aujourd'hui, **ces voix peuvent être enregistrées**. Ou plutôt, nous pouvons recevoir leurs appels par le téléphone ou sur des bandes magnétiques (voir vidéo, magnétophone, etc.). Il est, en revanche, plus difficile de les évoquer.

Esprits inférieurs

Attention aux esprits inférieurs. **Ils aiment beaucoup enregistrer des oracles terrifiants sur des cassettes audio neuves.** Ou encore envahir l'intériorité d'une personne en beuglant des propos obscènes au plus mauvais moment. Voire même, cela s'est vu, ou plutôt entendu durant des commémorations funèbres ou des cérémonies religieuses !

Harcèlement

De fait, il n'est pas difficile d'entendre des voix. Que cela soit directement dans le for intérieur ou sur un appareil électronique. Il est parfois fort difficile de s'en débarrasser. **Certains esprits inférieurs se plaisent à persécuter les vivants, à les harceler.** Cela peut aller jusqu'à l'obsession, aux troubles nerveux. Les exorcistes « guérissent » ceux qui prennent ce phénomène pour une possession diabolique. Les psychiatres et psychologues s'occupent des autres.

CHAPITRE II

Préparation psychique au spiritisme

CE QU'IL FAUT COMPRENDRE

Un art de vivre

On ne peut guère se lancer dans le spiritisme à la légère. Nous verrons que, dépassant son but de communication avec les esprits, il devient petit à petit une attitude mentale, une manière de penser, une façon d'être, un art de vivre. Bref, **il s'agit d'un engagement, comme d'un enrichissement de la personnalité**. Les esprits nous aident à mieux-être nous-mêmes.

Intention

De tout temps on a invoqué les morts. Par une concentration particulière de notre propre conscience, par *l'intention* de communiquer avec l'au-delà. **La prière est une forme particulière d'invocation.** L'invocation, semble « aller de soi », être spontanée. Elle s'adresse à une divinité, à une déité, un personnage sacré ou à un mort qui nous est cher. Elle représente l'une des activités les plus spécifiquement humaines. La communication semble, toutefois, à sens unique.

Différentes façons

L'évocation, plus spectaculaire, mais non moins profonde, consiste à faire qu'un esprit se manifeste d'une façon ou d'une autre : en ectoplasmie, par la voix, etc.

Le spiritisme n'est pas un jeu

On comprendra, de ce fait, qu'il n'est pas possible de considérer le spiritisme comme un jeu de société, une façon agréable de se distraire lorsque les programmes de la télévision nous déplaisent ou qu'il pleut trop pour se promener dans la campagne. Nous verrons plus bas les dangers d'une telle attitude.

Précautions

Aussi préférons-nous conseiller de renoncer à ceux qui ne se sentent pas prêts à s'engager dans une voie précise, grave, épanouissante. Si la foi ne bat pas avec votre cœur, si vous être trop « sentimental » pour éprouver du vrai sentiment ou trop sujet à l'émotivité pour vivre complètement vos émotions, laissez tomber : **les esprits éliment les âmes fortes ou qui tentent de l'être**. Ils rejettent, parfois violemment ceux qui ont besoin de se distraire. Ou pire, ceux qui s'ennuient.

L'ennui

Car l'ennui ne vient pas de la situation, mais de celui qui s'ennuie. Il s'agit d'un trouble personnel. L'être humain épanoui ne s'ennuie jamais et s'intéresse à tout. Il est solidaire du monde et peut aimer. L'ennui n'est qu'un manque d'amour des autres comme de soi. Souvent mesquin. Le spirite a bien autre chose à faire que de sombrer dans l'ennui…

RENFORCEMENT PSYCHOLOGIQUE, PSYCHIQUE, SPIRITUEL

Relaxation

Il faut se préparer, se renforcer psychologiquement, psychiquement, spirituellement. On pourra, tout d'abord, **pratiquer la relaxation** selon l'une ou l'autre des méthodes connues. Nous pouvons particulièrement recommander la sophrologie qui permet tout naturellement de faire le vide en soi tout en demeurant vigilant. Voire extrêmement lucide. Cet état nommé « vivance » est proche de la faculté de réception d'un spirite expérimenté. De plus, **la sophrologie rééquilibre la personnalité et permet d'éviter les troubles évoqués ci-dessus**.

Il existe, bien entendu, d'autres moyens d'accorder son corps à son esprit afin de devenir plus proche d'un soi-même idéal.

Yoga

Le yoga, par exemple, dont les aspects mystiques peuvent se mettre en rapport avec le spiritisme. En effet, le mot yoga veut dire « jonction, unification ». Il provient d'une racine sanscrite *yuj* qui, passant par l'indo-européen a donné le latin *jugum*, devenu joug en français, et le verbe juger dont nous avons fait joindre et juger. L'idée est de réunir, d'unir les forces, d'atteler. Ainsi, le corps et l'esprit seront-ils joints, par la *yogâcarâ*, ou pratique du yoga. Le yogi « pose le joug » ou « jugule » sa respiration, ses pensées, ses sens. Il cherche l'union avec l'Absolu. Pour les religieux hindouistes, il s'agit d'atteindre l'unité avec le grand Dieu, Shiva. **Dès les premières séances le yoga permet une bonne décontraction.** C'est déjà beaucoup. Ensuite, il affine petit à petit l'harmonie intérieure.

Les buts de l'union

Pour nous, spirites, le but de l'union est différent. Mais les états spirituels et mentaux résultant de la décontraction, de la sophrologie, du yoga se ressemblent. Ils sont « de la même famille » que l'état idéal d'évocation spirite. Il s'agit donc d'excellentes préparations au spiritisme. particulièrement pour ceux qui doutent, sont « mal dans leur peau » ou trop nerveux. Elles peuvent éviter les dangers décrits ci-dessus. Car, nous l'avons vu, le spiritisme mal compris, mal pratiqué peut tout simplement conduire à l'hôpital psychiatrique.

Infrarouge et ultra-violet

Le renforcement de la médiumnité, comme la préparation aux séances de spiritisme se trouvent bien d'une exposition raisonnable aux rayons infrarouges et ultra-violets (voir ces mots). **Attention ! Il ne s'agit pas de bronzer ! Mais de renforcer les « antennes » naturelles :** ongles, os, cheveux. De plus, ces rayonnements détendent et décontractent. Ces vibrations ne sont pas sans danger. Il convient de consulter attentivement la notice accompagnant les lampes en question !

Faire le vide

Attention au calme apparent ! On éprouve facilement une impression de détente alors qu'on a à peine commencé un exercice de décontraction. Les préoccupations demeurent sous-jacentes (problèmes de travail, de situation relationnelle, angoisse politique, peur de l'avenir, etc.). **Il va falloir apprendre, lorsqu'on n'est pas en séance de yoga ou de sophrologie, à « faire le vide ».** À évacuer les soucis.

Penser à rien ou ne rien penser

C'est fort difficile, du moins au début. Apprendre à ne « penser à rien » diffère de « ne rien penser ». Il faut prendre conscience du vide. Apporter le vide extérieur, celui de la nature, du monde ambiant, de l'univers, à l'intérieur de soi. **Ce qui devient plus aisé dès qu'on connaît un esprit bienveillant :** son aide ne fera pas « comprendre » le phénomène du vide, mais l'éprouver en ressentant, en éprouvant l'apparent paradoxe d'une énergie immobile, d'un silence murmurant, etc.

La maîtrise de la pensée

Penser, être, prendre conscience, exister

Comment pense-t-on ? Cette question rejoint évidemment celle de l'être. Selon **Descartes**, dont on oublie souvent qu'il fut principalement un mystique, le fait de penser peut nous donner la certitude d'exister : *je pense, donc je suis.* Cependant, être ne suffit pas : il faut aussi exister, vivre pleinement. Et, lorsqu'on pratique le spiritisme donner un sens à cette existence. Un sens tel que les esprits pourront nous reconnaître et décider de s'adresser à nous. Voire même éprouver de la sympathie envers nos entités encore vives.

Diriger le flux

Pour cela, il faut apprendre à diriger notre pensée. Le flux des idées, le courant de la conscience qui roule perpétuellement en flot en nous ne saurait suffire. **Prenons une comparaison :** si l'on veut pratiquer le kayak, il convient d'avancer toujours plus vite que le courant, de « maîtriser son erre » autant que faire se peut. Sinon, on chavire, on coule, on risque la noyade. Il en est de même, toutes choses égales, de la pensée. Nos idées spontanées ont certes leur valeur. Mais la pensée dirigée, maîtrisée, ordonnée, efficace, en propose une autre. **Celle d'une culture éclairée de l'âme et de l'esprit.** Celle de la floraison spirituelle. Du calme mental. Ce qui n'empêche évidemment pas la pensée continue de continuer son chemin : au charme de l'églantine, nous ajoutons la plénitude de la rose parfumée…

Comecon

Il ne s'agit pas ici de l'ancien « marché commun » de la défunte Union Soviétique mais d'une méthode pratique, héritée des grands mystiques. Ce nom est un aide-mémoire pour COncentration (ou COgitation), Méditation, Contemplation. Il s'agit de passer de la réflexion, du « travail » mental à un état de réceptivité euphorique, calme, équilibré.

1 – Concentration

Il faut tout d'abord réfléchir, penser au sens courant, comme lorsqu'on cherche à résoudre un problème. L'esprit humain se tend vers son but. Parfois il hésite. Et puis, d'un seul coup, la pensée prend son élan, semble s'envoler : Eurêka ! La solution paraît tout à coup évidente... Il aura fallu avoir conscience de l'effort pour éprouver le plaisir de la détente finale. **Nous sommes dans le domaine de l'acte de penser le plus pur...** chez certaines personnes, particulièrement entraînées à réfléchir de cette façon, l'effort mental peut s'apparenter à l'effort physique, avec accélération cardiaque, sudation, perte de poids, etc.

2 – Méditation

Méditer peut devenir la continuité de la cogitation concentrée. La tension devient moins intense. Le calme intérieur se propage progressivement. Il s'agit d'un état intermédiaire. La pensée calculante continue d'agir en mineur, de plus en plus doucement. La pensée méditante s'y mêle. On peut commencer à « voir », avec les « yeux de l'âme » ce qui nous intéresse.

3 – Contemplation

Nous ne percevons plus ce qui demeure actif en nous. Mais la pensée calculante continue, tranquille et sous-jacente. La méditation se poursuit, nous donnant le *spectacle* de l'objet pensé ou de celui de la pensée. Nous avons l'impression de ne plus agir. Et nous *sommes*, nous *sommes* profondément : nous prenons conscience de notre être dans sa plénitude, état idéal pour la communication spirite.

Disponibilité générale

Bien entendu, ces distinctions entre différents états mentaux ne sont pas aussi catégoriques. Nous sommes bien obligés de les « couper en tranches » pour mieux les exposer. La réalité se montre plus diffuse. Le glissement progressif vers la contemplation n'évacuera jamais complètement la réflexion logique ni la distance nécessaire de la méditation. En fait, et parce que la perfection n'existe pas en ce bas monde, **il est possible de commencer une séance spirite à n'importe quelle étape de cet itinéraire de la pensée, de la conscience épanouie.** L'esprit saura bien reconnaître l'état de foi. La disponibilité générale des participants. Il se manifestera en conséquence. Ou non.

Chapitre III

Les techniques

Techniques et pratiques

Rencontres : qui évoque qui ?

Dans la plupart des cas, l'âme désincarnée de la personne évoquée ne saurait condescendre à rencontrer une personne sans foi ni loi. Voire un plaisantin, quelqu'un qui cherche simplement à se distraire. Cependant il existe ce qu'on pourrait nommer des « **esprits malins** ». Ce ne sont certes pas des démons tels qu'on peut les trouver dans les romans médiévaux ou les gravures anciennes. Mais plutôt les âmes désolées, mais parfois agressives de personnages vils, voire criminels. Leurs ruses sont innombrables. Nous savons qu'ils ne s'attaquent généralement qu'à ceux qui se permettent d'invoquer les esprits sans avoir conscience des enjeux d'une telle volonté, tout en ne se « donnant » pas à l'appel de l'au-delà.

Mise en garde

Si le spirite, comme les esprits ont souvent de l'humour, il ne faut pas considérer le spiritisme comme un délassement. Au mieux, rien ne se passe durant les séances. Au pire, le spiritisme devient périlleux, dangereux. Voire mortel : **il ne peut en aucun cas s'agir d'un amusement...** Nous ne saurions trop mettre en garde les aspirants-spirites : il faut atteindre un état de vide, en même temps qu'une concentration maximale pour se frotter aux esprits. Il faut être soi-même et atteindre le plus profond de sa personnalité pour que les esprits daignent se manifester. Il s'agit d'un acte pur qui engage la personne entière, sa parole et sa foi. D'un acte grave et profond. On ne saurait le prendre à la légère. Autrement, les dégâts seront considérables.

Mauvaises pensées, mauvaises actions

Ou alors, évidemment, ils aiment répondre à d'autres personnes vivantes, aussi viles qu'eux-mêmes et qui demandent leur aide pour de funestes desseins, de mauvaises actions, voire des crimes. Nous côtoyons alors les pratiques sournoises de magie noire, les manigances perverses ou ignobles. **Nous avons vu que des personnalités politiques, comme Catherine de Médicis n'hésitèrent pas à se « servir » des esprits.** (voir ci-dessous à Têtes parlantes) Sans comprendre qu'en fait, ces morts effrayants se servaient aussi d'elle, s'amusaient à ses dépens... On peut en juger par le triste sort de beaucoup de ses proches.

Délai

De même il serait fort dangereux d'évoquer l'âme d'une personne chère juste après son décès. Nous avons vu que les anciens spirites se servaient, hélas, de têtes humaines fraîches pour servir d'intermédiaire entre les deux mondes. C'était au détriment de l'esprit du malheureux propriétaire de cette tête. Car il ne parviendra parfois jamais à sa vraie place, dans l'au-delà. Et nous aurons un « esprit fou », gyrovague, vaticinant ou logorrhéique de plus. **Un délai d'un an semble raisonnable.** De plus, cette attente permettra à ceux qui aimèrent le défunt de « faire leur deuil » et de se sentir plus tranquille face à son esprit. Plus aimants aussi. Car l'amour qu'on porte à un esprit, à l'esprit d'une personne qui fut proche, diffère de celui qu'on éprouve pour un être vivant. Non par son intensité ou sa profondeur. Mais par sa charge spirituelle. Et son énergie cosmique.

Sincérité

Pour le spirite, la sincérité est absolument nécessaire. Si l'on décide d'aborder l'art de communiquer avec les esprits, il conviendra de s'y préparer comme ci-dessus. Et l'on évitera les malheurs, comme ceux que connut Catherine de Médicis, qui vit son fils mourir et beaucoup d'autres calamités s'abattre sur elle et les siens. La foi, comme ailleurs, sauve, parce qu'elle est pure…

Abus divers

Pourtant, un écueil menace le spirite : la monomanie. Il faut bien considérer que le spiritisme n'est qu'un moyen, un art de vivre. Le but, c'est la vie. L'actuelle comme la future hélas, certains pratiquants usent leur énergie en faisant tourner les tables à tout bou de champ, à interroger le oui-ja trop fréquemment – on cite des cas de personnes réitérant plusieurs fois par jour ! – ce qui ne peut qu'épuiser notre énergie, lasser les esprits, et nous faire connaître une immense fatigue parfois irréversible et menant vers l'anémie, l'asthénie ou la mélancolie. Voire des symptômes physiques dûs à la tension nerveuse : zona, psoriasis, mycoses… D'autre part, le fait de communier avec les esprits ne donne aucune qualité particulière : on est ni un surhomme, ni un saint. **Simplement un être humain soucieux d'harmonie, d'équilibre cosmique,** et de connaissance de soi, afin de mieux aimer les autres.

Les bonnes questions

Que va-t-on demander ?

Pour contacter les esprits, il n'y pas que la méthode, le rituel. Nous avons vu qu'un état d'esprit d'ouverture, de disponibilité est indispensable. **Mais que peut-on leur demander?** Ne sombrons pas dans la nécromancie noire, celle qui consiste à invoquer les âmes mortes pour comploter, intriguer... **Le spirite doit chercher la pureté.** Voici un bien grand mot: pureté. Des centaines de saints hommes et de saintes femmes se sont acharnés à la conquérir à force de macérations, de mortifications, véritables tortures infligées par soi-même. Délicieuses souffrances aussi. Ce n'est pas notre propos. La pureté absolue nous dépasse. soyons plus simples, plus humains: **pour se rapprocher des esprits, il faut parler d'amour.** Non pas dans le sens de bluettes sentimentales, mais dans celui de la disponibilité du cœur, de la sollicitude, de la commisération. Rien ne déplaît davantage aux esprits malfaisants, aux âmes mesquines et inférieures.

Les questions à ne pas poser

Les esprits les plus nobles, comme les bons esprits ne sont que bienveillance. Ils n'aiment pas beaucoup ce qui concerne l'argent, la richesse. Les questions de sexe, d'intrigues sentimentales les indiffèrent. Ces questions, au contraire, passionnent les esprits inférieurs qui aiment y poser leur grain de sel, se mêler de ce qui ne les regarde pas et de faire souffrir les malheureux vivants.

Énigmes

Les réponses ne sont pas toujours claires. Certaines ne sembleront pas concerner une question cruciale, voire des demandes urgentes. Comme si les esprits, même les plus purs ne se souciaient pas du spirite angoissé. Ce n'est pas le cas, au contraire. Seulement les esprits élevés préfèrent ne pas risquer de peiner en parlant trop abruptement. **Ils cherchent à aider en proposant précautionneusement une énigme qui, de toute façon, le spirite peut résoudre.** Il convient donc de se « creuser la tête » dans ce cas. Attention, les esprits mauvais peuvent poser des énigmes déstabilisantes, affolantes, conduisant à la confusion mentale. Ou pire.

Prémonitions

Bien évidemment, **certaines de ces réponses peuvent annoncer l'avenir.** Cet aspect prémonitoire n'est pas à négliger. Des formes de réponse, que l'on apprend à reconnaître selon la personnalité du défunt invoqué, impliquent la certitude absolue que ce qui est dit sera.

Conversations

Il est bon, de temps en temps, de ne pas sommer les esprits de répondre à des questions. **Il semble un peu abusif de les évoquer uniquement pour leur demander de l'aide.** Il faut savoir aussi s'intéresser à eux. Leur demander, courtoisement et en faisant attention de ne pas sombrer dans l'indiscrétion, ce qu'ils aimaient sur terre, etc. Les esprits supérieurs et bons en seront touchés. Les folâtres retrouveront un peu de sérieux, d'émotion. Quant aux malfaisants, ils feront peut être un petit pas vers la rédemption… mais gare !

Paix psychique

Si vous voulez communiquer avec une personne de votre famille, et à condition que sa mort ne soit pas trop récente, **il faut avoir conclu une paix psychique avec elle.** Et, si possible, ne pas être en conflit non réglé de son vivant. Sinon, les esprits de troisième ordre se délecteront en trompant, manipulant, manigançant jusqu'à mener le spirite à un état d'intolérables souffrances mentales, psychiques, psychologiques et spirituelles. **Il convient de se trouver en état bénévole, en toute bienveillance.** Ainsi pourra-t-on toucher les esprits les plus purs, les bons esprits, voire mêmes les farceurs folâtres qui useront de leur malice pour vous aider d'une façon inattendue, humoristique, incongrue, mais efficace.

CHAPITRE IV

Le spiritisme traditionnel

CORRESPONDANCES CROISÉES

Un accord préalable

Il s'agit d'une écriture automatique à plusieurs (généralement à deux) assez impressionnante. Pour pasticher le titre d'un roman de Jean-Edern Hallier, disons que « Le premier qui meurt suscite l'autre ». En effet, il s'agit d'un accord entre deux personnes, deux amis. Ils décident que le premier défunt se manifestera au survivant.

Un lien d'amitié

La recrudescence de maladies graves a, hélas, fait augmenter le nombre de ces rendez-vous. Le Sida, par exemple est le grand pourvoyeur de correspondances croisées. Les communications consécutives à la mort de l'un des deux amis sont souvent poignantes. Le spiritisme en ce cas, maintient un lien d'amitié plus fort que la mort.

Générations, protection, bienveillance.

Parfois, c'est un grand-père, une grand-mère, un vieil oncle, une personne âgée qui décide avec l'une de ses relations ou l'un de ses parents de veiller sur lui après la mort. **L'esprit devient alors une sorte « d'ange gardien »,** d'intervenant tutélaire apportant une protection, un conseil efficace.

Frederic Myers

Les correspondances croisées ont été inventées par Frederic Myers, l'un des pionniers de la recherche concernant les phénomènes paranormaux, le métapsychisme. Il contribua à fonder le premier institut mondial entièrement consacré aux disciplines occultes, spirites, paranormales, etc. : la Society for Psychical Research.

L'expérience

Désirant obtenir des preuves de la réalité du spiritisme, il décida qu'après sa mort, il tenterait de communiquer avec les vivants. Ses collaborateurs n'auraient plus qu'à vérifier, à partir de codes préétablis, que les médiums recevaient bien, ou non, les messages de Myers.

Un message de Myers

Myers communiqua d'une façon certaine. **Voici l'un de ses messages, parmi les plus surprenants :**

Vous ne devriez pas vous lancer dans ces pratiques à moins de savoir ce que vous faites. J'ai beaucoup pratiqué l'écriture automatique de mon vivant sans parvenir à découvrir le sens de ce que j'écrivais. Aucun être vivant ne découvrira jamais le secret de la vie après la mort. Cela dépend de tellement de choses, de la personnalité, du corps astral et psychique. Toutefois, continuez d'essayer, vous approchez peut-être d'un grand secret.

Savoir ce qu'on fait

Malgré son aspect contradictoire, ce message semble encourageant. **Il pose le problème de la conscience du spirite qui doit « sentir » le moment où il « sait ce qu'il fait ».** Or on ne peut parvenir à cette certitude qu'après avoir tâtonné. À moins que l'aide d'un esprit ne nous fasse réussir du premier coup. La manière de pratique est la même que pour l'écriture automatique. Avant tout, il faut prendre conscience de soi. De son propre « être-là ».

Méthode

Pour pratiquer l'écriture de correspondances croisées, on peut attendre la manifestation de l'esprit en question. Ou alors pratiquer comme pour l'écriture automatique (voir ci-dessous) en pensant fortement au défunt.

ÉCRITURE AUTOMATIQUE

Servir de scribe à un esprit

L'écriture automatique est une méthode efficace de communication avec les esprits. Elle demande cependant une certaine humilité. **Il s'agit de servir de scribe à une âme.** Aussi ne doit-on pas montrer de prétention littéraire ou stylistique personnelle. Ce ne fut évidemment pas le cas de **Victor Hugo**. En effet, ce grand poète, pratiquant du spiritisme obtenait des messages de l'au-delà qui possédaient un rythme de grande beauté. Bref, tous les esprits qu'il évoquait s'exprimaient, parfois en vers, dans un style qui ressemblait fort à celui des superbes phrases de Victor Hugo ! Il faut donc, pour pratiquer l'écriture automatique, savoir faire abstraction de soi, **admettre de devenir un simple canal de communication**, comme un fil de téléphone.

Duo

L'écriture automatique se pratique généralement en solitaire. C'est un rapport particulier, privilégié entre un spirite et un esprit. **Le spirite est le médium, il porte sur lui toute la dépense d'énergie que se partage le groupe lors de séances** utilisant d'autres moyens. Ce rapport personnel peut devenir une véritable amitié. Voir ci-dessous « Correspondances croisées ».

Groupe

On peut aussi pratiquer l'écriture automatique en groupe. Mais on obtient généralement des textes certes lisibles au point de vue graphique (encore faut-il avoir la patience de les attendre) mais dont le sens se montre fort confus. L'esprit, certes, a la possibilité de s'adresser à plusieurs personnes à la fois. Mais la dilution des attentions des spirites produit un amas d'énergie difficile à assumer : **tout se mélange avec des contradictions de polarité**. On obtient plusieurs textes répondant aux mêmes questions, qui, parfois semblent contradictoires. Bref, ce genre d'évocation à plusieurs par l'écriture automatique n'est pas conseillé.

Fatigue

Il est donc possible qu'une grande fatigue suive chaque séance. Le spirite se trouve souvent épuisé, mais encore énergique, rempli d'une sorte de ferveur parfois fébrile Il n'y rien à faire sinon attendre le retour à la normalc **en buvant beaucoup d'eau**. D'une eau la moins minéralisée possible. Et non polluée, évidemment (on peut la filtrer).

Devenir l'outil

Il est nécessaire, pour pratiquer l'écriture automatique, d'avoir quelque talent ou tendance médiumnique. Il faut pouvoir, mais cela peut se faire progressivement, devenir transparent aux ondes de l'au-delà. **Vous devenez le support, l'outil...** Cependant, il faut tout de même être à l'aise avec l'écriture, même s'il ne s'agit que de rédiger professionnellement des rapports administratifs. Une personne qui ne se sert jamais d'un stylo éprouvera de la difficulté à pratiquer l'écriture automatique.

Première approche

Pour commencer, il convient de s'installer à son bureau, à l'endroit où l'on écrit généralement. Certains pratiquent couchés, dans leurs lits. Ce que certains ne conseillent pas, même si l'on ne voit pas pourquoi. D'autres aiment écrire debout, à la façon de Balzac. Peu importe, le tout est de se sentir bien, confortablement installé.

Mise en train

On commencera par saisir l'outil d'écriture que vous préférez (crayon, stylo, etc.) d'une façon délibérée. Tracez une phrase quelconque ou un alphabet **en contractant au maximum les muscles de la main**. Ce doit être un effort pénible. Contractez-vous jusqu'à la limite de la crampe. Cet exercice semble paradoxal. En effet, le spiritisme demande la plus complète détente. Pourtant, cette contraction sera bénéfique : elle sera suivie d'une décontraction analogue, méthodique.

Sensations exactes

Et la contraction initiale aura permis de mieux ressentir chaque muscle, chaque tendon que l'on pourra détendre en connaissance de cause en éprouvant les sensations exactes de son propre corps. Reposez votre instrument d'écriture pour pratiquer l'exercice suivant :

1 – Extension

Écartez les doigts le plus possible. L'idée serait de vouloir « déchirer » sa propre main. Restez dans cet état de tension.

2 – Repli

Toujours en état de tension maximale, repliez les doigts de manière à ce qu'ils touchent la paume, le pouce venant « verrouiller » le tout. Serrez jusqu'au seuil de la douleur. Relâchez brusquement. Recommencez en entourant le pouce avec les autres doigts. Serrez à nouveau : c'est pénible, mais fort efficace.

3 – Extension (bis)

Écartez à nouveau les doigts, comme ci-dessus.

4 – Détente par trempage

Trempez maintenant la main dans une eau tiède qui peut être légèrement citronnée ou parfumée à l'eau de fleurs d'oranger dont les effets calmants seront favorables à la suite des opérations. La laisser durant au moins trois minutes.

5 – Détente progressive

Détendez la main en pensant d'abord au petit doigt (auriculaire) : chaque articulation doit être successivement considérée mentalement comme de plus en plus légère, diaphane, translucide, impondérable, voire transparente. Continuez avec l'annulaire, puis avec les autres doigts. Détendre ensuite le dos de la main, puis la paume en essayant de considérer chaque muscle comme de plus en plus immatériel. On fera de même avec le poignet.

6 – Première question

Nous voici à pied d'œuvre. On peut maintenant poser une première question à l'esprit. Elle sera dite mentalement, avec concentration. Tout commence... Respirez profondément. Allons-y !

7 – Écrire…

Il ne reste plus qu'à se mettre à écrire comme d'habitude, comme si on rédigeait son courrier. Le mieux serait de bien corriger la position, de retrouver la posture idéale d'écriture telle qu'on l'enseigne à l'école primaire. Ou, si vous avez une position particulière de la main, une façon familière et commode d'écrire, utilisez là. Le tout est de se sentir détendu, lucide, actif et immobile en même temps. L'écriture, la forme de l'écriture que vous obtiendrez sera, dans la plupart des cas, légèrement plus grosse que votre écriture habituelle.

8 – … à l'aveugle

Afin de ne pas être influencé, certains se voilent la vue d'un bandeau, d'un foulard ou percent un sous-bock avec le stylo pour ne pas voir ce qu'ils écrivent.

9 – Le papier

Maintenant, **il suffit de laisser le stylo, le crayon, etc. courir librement sur une feuille de papier.** Attention : ce papier doit être neuf, comme pour tout travail sérieux d'écriture. En aucun cas on ne se servira du verso de feuilles dactylographiées, de papier recyclé ou de brouillon. La mémoire de la matière peut ici influer et le papier recyclé peut « se souvenir » de ce qui a pu déjà être tracé autrefois ou à une date récente. Un papier ordinaire, de qualité courante genre « extra strong » ou l'alpha d'un cahier d'écolier sont tout à fait indiqués.

10 – Gribouillage

En cas de besoin, on se recueillera, on se concentrera comme nous l'avons déjà vu. Il est probable que la main dérivera, traçant un gribouillage informe. Puis, si la concentration est exacte, des mots finiront par apparaître. On ne doit jamais interrompre l'écriture automatique avant le bas d'une page.

11 – « Lâcher prise »

Des mots, de syllabes, voire des ensembles incohérents de lettres tremblotantes : voici, dans un grand nombre de cas, les premiers résultats de la première tentative d'écriture automatique. Il ne faut pourtant pas se décourager. Il faut « lâcher prise », se laisser aller sans s'opposer au mouvement de la main.

12 – Accueil

Essayez de bien penser à l'esprit évoqué si vous voulez communiquer avec quelqu'un de particulier. Sinon, n'imaginez rien, laissez venir. L'attitude bienveillante, accueillante est de rigueur. Pensez tendrement à l'esprit. il va passer par vous, vous traverser pour diriger votre écriture. Il le fera d'autant mieux qu'il se sentira bienvenu.

13 – Le vertige et les langues

Il est possible qu'une sorte de vertige apparaisse durant la séance. C'est bon signe : **la conscience s'estompe, l'esprit s'exprime de plus en plus à travers « l'être-là » du scripteur**. Bientôt apparaîtront les premières phrases. On se sent comme si l'on planait, comme en lévitation. Elles seront généralement énigmatiques. Parfois même, elles comprendront des mots inconnus du scripteur : termes techniques, néologismes, etc. Il arrive même que le scripteur écrive une page dans une langue étrangère qu'il ne connaît pas ! Dans ce cas, il n'y a pas de doute : un esprit s'exprime.

14 – Nécessité de l'expérience

Autrement, comment savoir s'il s'agit d'un esprit ou de l'inconscient du scripteur qui se manifeste ainsi ? Il n'y a pas de réponse. Seule la pratique permet de sentir les présences subtiles. La sincérité paye toujours : si le scripteur s'engage dans sa démarche, les esprits seront là.

Forme

Petit à petit, tout va se mettre en forme : phrases, ponctuation, alinéas, etc. Ce sera la preuve qu'un esprit vous a contacté. Et ce sera d'autant plus étonnant que l'esprit invoqué était peut-être fort mauvais en orthographe et ne connaissait rien à la ponctuation durant sa vie terrestre. Evidemment, ce résultat ne s'obtiendra pas avant une bonne année de pratique régulière (une séance par mois).

Fréquence

Le rythme d'une séance par mois est un maximum durant la première année de pratique. **La dépense énergétique est énorme pour un débutant.** On ne devra pas passer à deux séances avant au moins huit ou neuf mois, en sachant le prix à payer : un épuisement demandant parfois une vingtaine d'heures de sommeil pour disparaître.

Surréalisme

L'écriture automatique a aussi été utilisée à des fins purement poétiques. Des poètes surréalistes comme **André Breton et Philippe Soupault** tentèrent d'écrire des poèmes en dehors de toute conscience, comme durant les activités de rêve, voire les crises de folie. Pour y parvenir, ils se préparaient en se plongeant dans un état intermédiaire entre la veille et le sommeil, un état dit « subliminal », proche de l'état alpha ou sophronique. Ensuite, ils écrivaient sous la « dictée de l'inconscient ». Pourquoi pas d'un esprit ?

Esprit, es-tu là ?

Les résultats furent convaincants : l'inconscient d'un poète est poétique. Mais parfois, certaines expressions, une façon de disposer le rythme, les sonorités intriguent. Qui sait si un esprit ne s'est pas glissé subrepticement dans l'âme du scripteur ?

Grands ancêtres

L'écriture automatique a de grands ancêtres : le célèbre auteur britannique Horace Walpole déclare avoir rédigé *Le Château d'Otrante* dans un « état second », une ferveur déferlante... D'autres tentèrent d'écrire spontanément sous hypnose, le tout étant de se délivrer de la conscience ressentie, du « je pense et je le sais ». C'est finalement le propre de ce qu'on nomme couramment « inspiration », en sachant qu'il désigne aussi le souffle, celui qui, par exemple, anima la plume de Saint Jean lorsqu'il rédigea *l'Apocalypse*.

Dictées de l'au-delà

La chronique révèle ça et là que de nombreuses personnes reçoivent la visite d'esprits ou rencontrent des esprits de musiciens ou de poètes qui leur demandent de corriger ou d'achever une œuvre. Ainsi, un certain nombre de fins de la *Symphonie inachevée* sont-elles disponibles. **Guillaume Apollinaire** aurait dicté un poème à une femme, vers 1955, en lui apparaissant boulevard Saint-Germain, à Paris, là où il habitait de son vivant... On ne sait pas toujours que penser de telles manifestations.

Le souffle de l'esprit

Écriture automatique littéraire, poétique, religieuse, spirite... La frontière entre ces différents aspects d'un seul et même geste, d'une seule et même attitude mentale, psychologique et spirituelle ne sont pas faciles à discerner. L'esprit souffle où il veut, quand il veut...

GUÉRIDON, OU « TABLE TOURNANTE »

Prérequits

C'est quasiment le symbole du spiritisme. Il suffit de posséder un guéridon. Le modèle classique, à trois pieds n'est cependant pas indispensable. N'importe quelle table fait l'affaire. Cependant, certains pensent qu'une table métallique, du genre meuble de jardin ou de café, nuirait à la libre circulation des ondes. Quoi qu'il en soit, voici comment l'on procède :

1 – Choix du conducteur

On se préoccupera ensuite de choisir qui dirigera la séance. On peut choisir une personne expérimentée, ayant déjà pratiqué le spiritisme. Mais ce n'est pas obligatoire. Elle dirigera la prière commune, s'il y en a une…

2 – État d'esprit

Chacun devra ensuite faire le vide en soi. L'idéal serait que chaque participant ait pratiqué la relaxation, le yoga ou la sophrologie, etc., durant la semaine précédant la séance. Rester calme sera peut-être plus difficile pour les autres. Un peu de concentration sous l'œil bienveillant des participants permettra d'y parvenir. Délacer un soulier trop étroit, une ceinture contraignante, une cravate trop serrée est indispensable. Déboutonner ses poignets de chemise ou de chemisier semble favoriser le courant du flux énergétique.

3 – A qui s'adresse-t-on ?

En commençant, on prononcera mentalement le nom de l'esprit concerné. Répété dans le silence du for intérieur, ce nom voyagera de telle façon que l'esprit sera averti qu'on va l'évoquer. Car il vaut mieux l'avoir choisi auparavant. Autrefois, lorsqu'on connaissait la personne concernée, lorsqu'on en possédait **une photographie ou un portrait**, on le disposait au milieu de la table, ou sur une console proche. Certains se servaient **d'un objet familier ayant appartenu au défunt**. Pourquoi pas ? Mais on peut s'en passer. On s'en passe d'autant plus que de très réussies séances de spiritisme concernaient des personnes mortes parfois depuis plusieurs siècles et que personne ne connaissait directement : personnages obscurs dont on a connu le nom par hasard, etc.

4 – « Projectile mental »

Tous penseront à l'esprit en question. **L'énergie spirite ainsi déclenchée se concentrera pour former une sorte de boule** voyageant calmement, silencieusement, tendrement dans l'astral. Mais avec une vitesse inimaginable : c'est ce qu'on nomme le « projectile mental ».

5 – Recueillement

Le silence sera observé. Il faudra le « vivre », le laisser « couler en soi », l'« incorporer » jusqu'à « devenir son propre silence »… Sans se presser chacun étendra ses mains, soit en effleurant le guéridon, soit en les posant, mais très légèrement sur sa surface. Il serait bon d'avoir au préalable fait craquer les jointures et avoir détendu les mains en les secouant comme les femmes qui veulent faire sécher leur vernis à ongles.

6 – Position des mains

Après quoi, on élèvera lentement les mains ouvertes pour les placer à quelques centimètres au-dessus du plateau. **Les doigts ne doivent normalement pas se toucher les uns les autres**, mais sans écartement excessif, générateur de tension

musculaire. Les doigts n'ont pas à être particulièrement tendus. Il vaut même mieux qu'ils soient légèrement, très légèrement courbés. La paume devrait être creusée, mais d'une concavité minime, comme si l'on voulait recueillir une petite gorgée d'eau. Il n'y aura pas de cassure au niveau du poignet : le carpe se trouvera dans le prolongement des apophyses radiales et cubitales. Le tout sera le plus souple possible.

7 – Effet progressif

Il n'y a jamais d'échec !... Si les opérations sont bien menées. Normalement, après un temps variable (il serait bon de tenir au moins vingt minutes : un spirite est patient), le guéridon ou la table va certainement se soulever ou émettre des bruits comparables à des grattements, des craquements. Ce sera peut-être un mouvement fort léger. Ou, au contraire, l'explosion d'une force brutale. « Ça » y est !

8 – Établissement du code

Le conducteur de séance peut maintenant poser ses questions. La phrase traditionnelle est : « **Esprit, es-tu là** » ? Ensuite, on ajoute : « **Si oui, frappe un coup** » ! La table, - si personne ne se déconcentre, si tout a été bien mené - se soulèvera, frappera un coup après avoir effectué, dans la plupart des cas, un léger mouvement giratoire. On demandera à l'esprit de confirmer sa présence en tournant dans le sens inverse. S'il se trouve là, il ne se fera pas prier. On conviendra du code traditionnel : un coup pour oui, deux pour non, et la communication s'établira normalement. Ou alors on lui demandera de faire tourner la table une fois pour « oui », deux fois pour « non ».

9 – Remarque

Notons que l'on demande à l'esprit s'il se trouve là, et non ici. Ceci va plus loin que le simple usage commun de la langue. Pourquoi ne pas méditer à ce propos. « être-là » (*da sein*) est une notion philosophique de présence comme

« être avec », par exemple les autres (*mit sein*). Quant à « être ici »... c'est « se trouver » *présent* !

10 – Questions et réponses

Il ne restera plus qu'à décider qu'un seul coup signifiera la lettre « A », deux coups, la lettre « B », etc. À moins qu'on ne décide que l'esprit préfère un nombre de rotations correspondant au rang des lettres de l'alphabet. Evidemment, la plupart des esprits « connaissent la musique » et n'ont plus besoin qu'on établisse ce code qu'ils connaissent par cœur, qu'ils connaissaient souvent de leur vivant. Il s'agit donc d'une sorte de salutation. **Il serait idiot de dire « bonjour » à un esprit qui ne compte plus en jours ni en heures !** (mais qui est capable de venir à un rendez-vous que vous lui fixeriez, s'il en est d'accord !).

11 – « Vérification d'identité »

Le contact est établi. Il va falloir, régulièrement (toutes les cinq ou six questions, par exemple) toujours vérifier à qui l'on a affaire en demandant à l'esprit de décliner son identité. Si le contrat a été rompu, un esprit de troisième ordre a pu en profiter pour prendre la place de celui auquel on s'adressait et dont il ne connaît pas obligatoirement le nom.

12 – Le dialogue s'engage

Désormais, nous sommes dans le domaine du rapport humain, de l'échange, de la conversation. Il suffit d'être attentif et d'éprouver du plaisir à ce contact. Même si des souvenirs pénibles peuvent y être réactivés...

13 – Incident, énergie négative

Parfois, durant la séance, il se trouve un spirite dans le groupe qui émet une énergie négative. Soit par son état de fatigue, de tension, soit par son incrédulité ou sa dérision. Ce qui peut faire venir un esprit inférieur. **Pas de panique :** on utilisera la clausule appropriée (voir ci-dessous) et la personne en question quittera les lieux en même temps que l'esprit inopportun. Il en sera de même si des phénomènes inquiétants, dérangeants ou terrifiants se manifestent. On comprend pourquoi il ne faut pas choisir le conducteur à la légère... Ensuite, on demandera de l'aide à un esprit supérieur. D'autant plus si l'on en connaît un qui sait proposer des signes indiscutables de son authenticité.

14 – La clausule

La clausule ou dernière phrase doit terminer nettement la conversation, l'échange. Autrement, il peut y voir des phénomènes de hantise. **Il se peut qu'elle soit prématurée :** un problème surgit, ou le contenu du discours fait pleurer l'un des participants, ou qu'un autre suffoque, ou se laisse envahir par la colère. Il se peut aussi qu'un esprit inférieur, malgré la prière ou la conjuration préparatoire, ait réussi à prendre la place de l'âme invoquée. Dès qu'on s'en aperçoit, il faut immédiatement interrompre la séance par une clausule appropriée. C'est-à-dire que, quels que soient les mots, il faut saluer. On peut prononcer fermement un « **au revoir** », même si l'on n'a pas « vu » l'esprit et qu'on souhaite le rencontrer à nouveau. On peut décider d'un moment précis, date et heure. Pour les esprits inférieurs, on restera calme en prononçant un « adieu ». Le conducteur le dira le premier, ensuite tous le répéteront trois fois en chœur.

Guéridons d'autrefois

On commençait autrefois par une préparation rituelle. Il fallait voiler les miroirs, plonger la pièce dans laquelle on opérait dans l'obscurité. On allumait ensuite des bougies ou une lampe à pétrole réglée sur l'éclairage minimal. La règle voulait que les participants fussent vêtus de noir.

Simplification

Aujourd'hui, tout est simplifié. **On conserve tout de même les bougies pour créer une ambiance propice**, un calme, une sérénité. Il arrive qu'on opère en pleine lumière ou en plein jour. Il est possible que les séances nocturnes soient le plus souvent couronnées de succès.

MOULAGES

Traces matérielles

Il y a la foi, il y a le doute. Si la plupart des spirites ne daignent pas s'occuper de preuves de l'existence des esprits, il en est quelques-uns qui, assoiffés de concret, n'ont de cesse d'en capter les traces. Ceci dans un but de démonstration, d'administration, d'une preuve scientifique. Cette démarche, louable en soi, a souvent donné de curieuses expérimentations : « pièges » à esprits, nasses magnétiques d'où l'esprit ne pourrait pas sortir, etc. **Pour recueillir une trace matérielle d'une communication avec les esprits, l'ingéniosité humaine n'a pas de limites !** Plus sérieusement, de la photographie à l'enregistrement vidéo, tout semble avoir été tenté. Ceci avec généralement, un bon pourcentage de réussite.

« Corps spirituel »

A l'Institut Métapsychique International, en 1920, Franek Kluski, médium polonais, s'associa avec le docteur Geley pour tenter une expérience nouvelle : **le moulage de différentes parties du « corps » des esprits**. Certes, il y avait eu des précédents : de-ci de-là, plusieurs personnes essayèrent, en disposant du plâtre ou du ciment frais, de « matérialiser » les « fantômes » de maisons hantées. On a ainsi obtenu des traces de pas, des moulages de mains.

Du concret

L'ambition du Dr. Geley allait beaucoup plus loin. Il ne se contentait pas de moulages impromptus, de « bricolage ». Il lui fallait du concret, du réel, du tangible. Et, pour cela, il suivrait une démarche rigoureuse, une méthode scientifique. Et spirite !

Paraffine

Pour parvenir à leurs fins, **ils demandèrent la collaboration des esprits eux-mêmes**. Ayant évoqué l'un d'entre eux, ils le prièrent tout simplement de bien vouloir tremper une partie de son « corps » dans un baquet d'eau chaude où surnageait de la paraffine fondue. Au bout d'un quart d'heure, on entendit un clapotis. **Les mains de l'esprit, enduites de paraffine, se posèrent sur celles des expérimentateurs.**

Bleu

Les moulages obtenus étaient bleus. Au dernier moment, le Pr. Richet avait subrepticement mêlé un colorant à la paraffine, afin que l'on ne puisse croire à des moulages préparés d'avance. Le résultat fut probant. **Des mains bleues furent ainsi produites, avec un relief saisissant.** L'équipe de Franek Kluski, du Dr. Gelley et du Pr. Richet obtint, par la même méthode sept mains, un pied, un menton venus de l'au-delà.

Pourquoi ne pas essayer ?

Certes, la personnalité extraordinaire du grand médium Kluski a dû aider à convaincre l'esprit en question. Mais on voit tout de même que **les esprits sont souvent prêts à collaborer avec les vivants.** Il suffit que ces derniers soient préparés, aient un bon « mental »… Et le leur demande !

NÉCROMANCIE

Ancienneté de la nécromancie

La nécromancie, (du grec *nekros*, mort et *manteia*, prédiction) est une forme particulière d'évocation des morts. **Le but est de les interroger sur l'avenir.** Il s'agit d'un procédé de divination aux buts plus restreints que ceux du spiritisme. Elle conserve une odeur de souffre auprès des autorités religieuses. C'est une très ancienne pratique que l'on retrouve dans la plupart des civilisations. Dans la *Bible*, avec la fameuse magicienne d'En-Dor, invoquée par Saül, dans *l'Odyssée*, avec la non moins célèbre, et inquiétante Circé, etc.

Défunts et démons

Pour la religion catholique, les morts sont souvent assimilés aux démons tandis qu'on brûlait les médiums en tant que possédés, sorciers ou hérétiques. De fait, **les pratiques nécromanciennes consistaient souvent en conjuration des démons.** Il s'agissait d'une sorte d'exorcisme dans lequel on sommait l'esprit de s'en aller.

Esprits et démons

La distinction entre esprits et créatures démoniaques, continue encore aujourd'hui. La notion de fantôme rejoint, pour certains esprits légers, celle d'esprit. De même on parle de revenants, de spectres, etc. C'est transformer le phénomène *naturel* de transmission spirite électromagnétique permettant de dialoguer avec l'au-delà en théorie souvent sectaire et dangereuse.

Pratiques extra-européennes

Le vaudou, comme de nombreuses croyances extra-européennes fait souvent appel à la nécromancie. En général, **c'est dans le but de conjurer les sorts jetés** à grand renfort de pattes de lapin, de cous de poulet et autres *mojo hands*. Ou à jeter des sorts féroces !

Légendes

La nécromancie est l'objet de nombreuses légendes. On plaçait un anneau sur l'un des orteils d'un cadavre, croyait-on, et voici que six démons apparaissaient. Lesquels faisaient, « revivre » le mort pour une durée proportionnelle à la préciosité de l'anneau : plusieurs mois pour l'or, deux ou trois pour l'argent, quelques heures pour le fer, etc.

Superstitions

Les pratiques nécromantiques sont surchargées d'une symbolique qui n'est pas toujours de bon aloi. Ainsi lira-t-on l'avenir en regardant un miroir, la lame d'une épée, l'ongle d'un garçon vierge, un os de bélier (généralement la clavicule, ce mot signifiant « petite clé », en latin). Tout ceci présente l'aspect de superstitions quelque peu simplettes. Mais qui suffisaient autrefois pour envoyer quelqu'un au bûcher ! Ou à la pendaison. Ce qui procurait un nouveau cadavre, auquel on pouvait placer un anneau aux orteils et ainsi de suite.

État d'esprit positif

En général, **le cérémonial nécromantique est fort complexe et fait parfois appel à des objets répugnants :** cadavres d'animaux plus ou moins corrompus, excréments, fluides corporels divers, etc. Le tout évoque la magie noire et ne peut trouver son efficacité que dans l'imagination des pratiquants. Pour appeler un mort, pour converser avec lui, il existe des moyens plus simples, à l'efficacité probante et qui reposent sur un état d'esprit positif.

Possession et pathologies

La nécromancie fut combattue par les exorcistes. Il s'agit souvent de prêtres d'une grande rigueur morale et qui savent jusqu'où aller. Ils opèrent lorsque le cas est une douce manie. Ils dirigent leurs patients vers un psychiatre si l'idée de possession par l'esprit d'un mort est de caractère pathologique.

Clarté du spiritisme

La nécromancie est encore plus répandue qu'on veut bien le croire. **On peut la considérer comme, partiellement, l'ancêtre du spiritisme.** Cependant, ce dernier n'a que faire de pratiques obscurantistes à grand renfort de symboliques lourdes. Pas plus qu'il ne veut se préoccuper de sorts jetés, de malveillance et autres manigances louches. Au contraire : le spiritisme naquit d'une volonté de clarification, d'un humanisme fervent dans l'art de communiquer avec l'au-delà.

Le Oui-ja

Ancienneté

Voici un mode de communication avec l'au-delà qui nous vient de la plus haute antiquité. En effet, le Oui-ja, certes fort différent à l'époque de ceux que nous pouvons utiliser aujourd'hui, est dû au grand mathématicien Pythagore. N'oublions pas que, de tout temps, l'art des nombres, de la géométrie, de la quantité et de l'ordre ou mathématique, est lié au sacré, au religieux, au spirituel. **Le Oui-ja, quelle que soit sa forme, consiste en une planchette munie de roulettes.** Celui de Pythagore était posé sur une surface plane, afin de mieux pouvoir déplacer une pierre polie et dûment gravée de symboles ésotériques. Leur interprétation, dans une intention prophétique, complétait l'information initiale.

Description du Oui-ja. Différents modèles

Peu connu en Europe, le Oui-ja est fort répandu aux États-Unis. On peut se le procurer un peu partout, y compris dans les drugstores, les magasins de jouets. On peut cependant le trouver en Europe dans les boutiques spécialisées dans l'ésotérisme. **Certains modèles, anciens ou récents, sont fort luxueux, avec des incrustations de nacre, des marqueteries, etc.** Ils ne « fonctionnent » pas mieux que les autres, mais la beauté peut aider le recueillement, la concentration. Encore faut-il avoir les moyens de s'offrir un tel objet qui est parfois une véritable pièce de collection. Qui qu'il en soit, il s'agit toujours d'une planchette de bois – parfois, pour les modèles les plus simples de matière plastique – de dimensions variables, puisque certains tiennent dans la main tandis que d'autres ont grosso modo les dimensions d'un damier, muni de trois roulettes, parfois quatre.

Organisation du Oui-ja : des chiffres et des lettres

Sur cette planchette sont inscrites ou gravées les lettres de l'alphabet et la suite de chiffres, de 0 à 9. Une autre planchette de moindre dimension, montée sur roulement, sert de fléau, d'outil indicateur. **Il suffit de l'effleurer du bout de doigts pour que l'esprit invoqué la dirige vers les différentes lettres, les différents chiffres** afin d'obtenir des indications, des nombres, des mots ou des phrases entières. On peut remplacer la planchette indicatrice par un crayon.

Bricolage

Il est possible de « bricoler » un Oui-ja. Il suffit d'une feuille de papier ordinaire sur laquelle on inscrira les lettres et les chiffres de la façon suivante, ainsi que les deux mots « oui » et « non » :

ABCDEFGHIJKLM
NOPQRSTUVWXYZ
1234567890
OUI **NON**

Il importe de bien disposer les lettres comme ci-dessus, d'aller à la ligne à partir du N. La symbolique du nombre 13 est trop complexe pour que nous puissions en traiter ici. Mais il importe d'obtenir deux fois 13 lettres. On posera cette feuille sur une table. Il serait bon de la fixer à l'aide de ruban adhésif.

Mode d'emploi

Le Oui-ja est prêt. Le mieux serait de préparer les questions que l'on veut poser avant la séance : **le Oui-ja répond parfois d'une façon très rapide** et l'on se sent souvent confus, au point d'oublier ce qu'on voulait demander.

1 – Faire le vide

Après avoir « **fait le vide** » en soi, on peut évoquer un esprit. S'il s'agit d'un parent, d'un ami, on peut, poser son portrait ou sa photographie sur la table, non loin du Oui-ja.

2 – Action

On se servira d'un crayon, par exemple, que l'on fera rouler légèrement en l'effleurant de la main. On le posera d'abord au milieu de la feuille. On ne le lâchera pas durant toute la séance. Il faut, en effet, garder le contact... L'action ainsi posée doit être autant physique que mentale durant le premier essai.

3 – Lâcher prise

Maintenant, il faut « lâcher prise », « oublier » la main qui tient le crayon ou la planchette. L'exercice de décontraction qui consiste à se « dématérialiser » mentalement se révélerait fort utile à ce moment. Ainsi, **cette main ne sera plus mue par la volonté de celui qui interroge le Oui-ja**. Sinon, la séance sera faussée. On s'en apercevra du fait de l'incohérence des réponses... Encore une fois, l'expérience amoindrira le risque d'erreur jusqu'à ce qu'il devienne quasiment nul.

4 – Réponses du Oui-ja (1)

Le mouvement initial du Oui-ja est à peine perceptible : il faut se concentrer. Ensuite, le Oui-ja sera immobile. La concen-

tration mentale et « l'oubli » de la main du praticien feront très rapidement naître un mouvement de déplacement qui peut, ou non, s'arrêter brusquement. Voire brutalement. Parfois, le crayon, la planchette se dirigera d'une façon délibérée, voire irrésistible vers telle ou telle partie de la feuille. **C'est un moment difficile :** l'effet de surprise fait que l'on a tendance à résister, à retenir la main, mue par une force étrangère.

5 – Exercice pour éviter les réactions réflexe

Un bon exercice pour éviter cette réaction, ce réflexe peut se révéler nécessaire. Il se pratiquera régulièrement, une ou deux fois par jour, durant une semaine avant la séance. Il faut l'assistance d'une tierce personne. Il suffit de poser la main (droite pour les droitiers, gauche pour les gauchers) sur une table, une surface plane. L'autre personne la touchera d'un contact bref, du bout de l'index. Ensuite, elle répétera ce mouvement sans toucher la main, faisant semblant d'établir le contact. On exécutera une série de dix mouvements. La volonté de la tierce personne sera libre : **elle choisira si elle touche ou non la main du futur conducteur de séance**. Le but est que ce dernier ne retire pas sa main. La deuxième étape consistera à faire de même tandis que le conducteur fermera les yeux. Il s'agit alors de « **ressentir** ».

6 – Un mot bref

L'assistant dira un mot bref, tel que « oui » à chaque fois qu'il esquissera ou exécutera un mouvement vers la main de l'autre. L'étape suivante est la même, mais l'assistant piquera très légèrement, ou non, le dos la main du futur conducteur à l'aide d'une épingle. Il serait judicieux de tremper cette épingle dans l'alcool car, même s'il n'y a pas, a priori, risque d'égratignure, on ne sait jamais… **Le but est de pouvoir, grâce à la décontraction musculaire et mentale, de parvenir à « oublier » la main, à ne plus appréhender un contact légèrement douloureux.** Cet exercice, fort efficace abolira tout risque d'erreur dans le maniement du Oui-ja.

7 – Réponses du Oui-ja (2)

Le Oui-ja avancera ensuite vers telle ou telle lettre ou vers le oui ou le non, selon la question posée. Il peut y avoir des questions muettes posées mentalement par tel ou tel participant qui ne veut pas que les autres connaissent, par exemple, un secret. **L'énergie mentale de l'assemblée agira tout aussi bien pour l'aider à obtenir une réponse claire.** Le tout est de prévenir.

8 – Délai

Le Oui-ja se montre précis. Mais il arrive qu'il tarde à répondre. La patience est de rigueur. S'il ne répond pas à une certaine question, **il ne faut absolument pas recommencer à la poser**. Ou alors durant une autre séance, plusieurs mois après la première interrogation.

Précautions

Avec le Oui-ja, comme avec tous les moyens de communiquer avec l'au-delà, on risque d'évoquer un esprit inférieur. Les précautions d'usage sont de mise, bien entendu.

Avertissement

Le fait que le Oui-ja soit fort répandu aux États-Unis, qu'il en existe de clinquants, à la décoration vulgaire fait que, là-bas, le Oui-ja sert d'amusement, de jouet. On l'interroge en riant, en y « croyant sans y croire », ce qui rejoint les séances salonardes ludiques de tables tournantes. **Voici qui est extrêmement dangereux.** Or, si dans la plupart des cas, il ne se passe rien, il arrive que ce simulacre, cette demi-espérance, ce manque de concentration, d'engagement, attire irrésistiblement un esprit inférieur. Les conséquences peuvent être très graves. Voire funestes. Évoquer les esprits ne demande pas qu'on les rejoigne prématurément !

PENDULE

Universalité du pendule

Le pendule sert à tout. Parfois même, il semble que certains de ses usages soient un peu superfétatoires. C'est le cas, nous semble-t-il lorsqu'il s'agit d'invoquer les esprits. Le Oui-ja, le guéridon ou le verre à pied sont tout aussi efficaces et moins sujets à caution.

Précautions

Car, en effct, **lc pendule demeure extrêmement influençable**. Surtout si plusieurs personnes assistent à la séance de spiritisme : les fluides peuvent s'opposer, se contrarier, créer un embrouillamini d'ondes trop confus pour attirer les esprits. Néanmoins, on peut s'y essayer seul, ou, à la rigueur, à deux. Plus serait trop aléatoire. **Voici comment procéder :**

1. Se préparer mentalement.
2. Écrire un alphabet ainsi que les chiffres de 0 à 9 sur une feuille de papier d'assez grand format (1/4 raisin, par exemple). Le tracé de cet alphabet, suivi des chiffres devra être circulaire (se servir d'un compas ou d'un gabarit genre fond de moule à tarte qu'il conviendra de diviser en 36 « parts de gâteau » ou triangles contenant chacun un signe, lettre ou chiffre.).
3. Ajouter les mots « oui » et « non » selon la position des points cardinaux : « Oui » à l'Est et à l'Ouest, « Non » au Nord et au Sud.
4. Il n'y a plus qu'à prononcer les formules habituelles, comme avec, par exemple, le verre à pied (voir ce mot).
5. La séance se déroulera de la même façon qu'avec d'autres procédés.

PNEUMATOGRAPHIE

Un phénomène troublant

Du grec *pneuma* qui est à la fois le **souffle** et **l'inspiration** et de *graphein*, écrire. Voici l'un des phénomènes les plus troublants du spiritisme. Maintes fois observé, il n'a jamais pu être reproduit en situation expérimentale. Néanmoins, sa fréquence, son aspect spectaculaire fait que son existence est bien attestée. Il s'agit de l'écriture directe d'un esprit, sans le secours de la main d'un médium.

Vision

C'est, le plus souvent, une manifestation spontanée. **L'esprit se saisit d'un crayon et trace des signes, intelligibles ou non, sur une feuille de papier.** La vision d'un stylo se mouvant « tout seul », comme dans un film fantastique, est saisissante.

Une méthode

La décision d'écrire ou non appartient à l'esprit. Aussi, jusqu'à ces dernières années, on ne connaissait aucun moyen de provoquer la pneumatographie. Depuis 1997, Christel Yeni médium à Fontainebleau, a patiemment construit une méthode pour invoquer l'écriture pneumatographique.

L'accordage ou « tuning »

Durant ses nombreuses conférences, elle a réussi à convaincre un public de plus en plus nombreux. Elle insiste sur la nécessité de « l'accordage » ou *tuning* du médium :

On ne le dira jamais assez : le seul problème que peut rencontrer un spirite, je dis bien : le seul ! Vient d'une dysharmonie. On ne parvient pas complètement à l'écoute intégrale et sereine de nos forces intérieures. Dès lors, comment voulez-vous qu'on s'entende avec les esprits ? On se prépare avec sérieux, certes, mais il manque quelque chose : ***l'accordage****. Ce n'est pourtant pas si dif-*

ficile qu'on le croit. ***Il faut bien se représenter que tout être humain est un émetteur de vibrations.*** *Que celles qu'il reçoit seront parfois dissonantes ou discordantes avec les siennes propres. Ce qui empêchera vraiment, radicalement, toute communication ! Y compris avec les êtres vivants ! C'est un fait.*

Pourtant, la plupart des spirites préparent bien leurs séances ! Christel Yeni en veut plus :

Et, bien entendu, tous les médiums tentent cet accordage extérieur, communicatif. Lorsqu'ils y parviennent, c'est juste. Mais une autre question se pose : l'accord interne. Un violon, une guitare peuvent, même désaccordés, émettre un ou deux sons justes qui correspondront avec les notes venant d'un autre instrument. Mais on ne pourra pas s'en servir pour jouer une partition difficile en solo. Et c'est là notre problème ! Que de communications incomplètes ou ratées à cause d'un tout petit défaut d'accordage ! Il s'agit encore et toujours, d'explorer son être. Son être-soi autant que son être-là. C'est une question de présence ; l'esprit n'aimera pas être vu en train d'écrire par une sorte d'absence : celle d'un mental incomplètement euphonique. Car l'esprit est lui-même absence. Et ceci dans sa présence-même : il se trouve là et non ici. Les données (datae) de la conscience ne peuvent se situer autrement qu'ailleurs, c'est-à-dire en mouvance perpétuelle. Or, celui qui observe la pneumatographie, qui la suscite ou l'invoque se trouve ici, irrémédiablement présent. Et cette présence doit être assumée, vécue harmonieusement. Prête à contempler le geste créateur d'écriture dans une attitude de perception avide. Une perception multidirectionnelle, mais immobile, du temps comme de l'espace en soi, comme en dehors de soi. Dès lors cette harmonie, ce tuning pourra comprendre (prendre avec elle) l'action qui se déroule devant elle. L'action presque sacrée de l'esprit écrivant. C'est bien ce qu'exprime Bergson dans Matière et Mémoire : La perception dispose de l'espace dans l'exacte proportion où l'action dispose du temps. Et c'est le temps matériel de l'humain qui sera proportionnel à l'action perçue de l'esprit. Si nous voulons « être là » (da-sein) !

Que faire ?

Comment faire ? La médium Belliphontaine répond « rien », avec un grand sourire. Au-delà de la boutade, son but est de nous faire comprendre que ce que nous pratiquons comme exercice de concentration, de préparation à l'accueil des esprits etc. est amplement suffisant. Il s'agit de « faire comme d'habitude, mais autrement », de trouver une autre distance avec soi-même, en soi-même : la bonne distance. Mais que faire du « si nous voulons être là » ? Faut-il attendre l'esprit pour le regarder faire ? Ou, au contraire laisser un papier, du matériel d'écriture dans une pièce dont on sortira pour laisser l'esprit agir tranquille ? Tout dépend de l'esprit en question !

Expérience

Cependant, pour que les esprits veuillent bien nous contacter par écrit, **il est nécessaire de pratiquer le spiritisme depuis plusieurs années**. En effet, au fil du temps le spirite se bonifie, cultive sa réceptivité, apprend à s'accorder aux esprits. Cette notion d'accord est primordiale, comme nous allons le voir. Nous déconseillons donc aux débutants de tenter de susciter la pneumatographie. De toute façon, il y a de fortes chances pour que rien ne se passe. Mais s'il se passe quelque chose… attention aux esprits inférieurs qui se feront un malin plaisir de perturber l'existence d'un spirite trop néophyte !

Silence intérieur

Si l'on a su trouver son propre silence intérieur, peu importe. À moins que l'esprit, timide, n'aime pas qu'on l'observe. Autrement, c'est un choix personnel : celui de la personne qui veut évoquer. Du spirite.

Prendre ses distances

En fait, il semble qu'il soit plus facile de prendre des distances, de ne pas être là quand l'esprit se manifestera. Mais il faut être prêt comme pour une séance de spiritisme classique. Même si l'on se trouve très loin du théâtre des opérations. Même si on n'y pense pas au moment où l'esprit écrira.

Les instruments

On se préparera donc mentalement. On « pensera » fortement ses gestes en disposant dans un endroit peu chauffé du matériel pour écrire. Il pourra s'agir de plumes, de stylos, mais tout aussi bien d'une machine à écrire ou d'un ordinateur (voir ce mot).

Circonstances

La pénombre que certains choisissent n'est pas utile. La trop grande clarté non plus. Il existe des personnes un peu superstitieuses qui pensent que la présence d'une flamme est indispensable : pourquoi pas une bougie ou une lampe à pétrole ? Ça ne sert peut-être à rien, mais si cela rassure, nous éprouverons un meilleur accordage. Autant ne pas s'en priver.

Un multiple de trois

Personne ne devra entrer dans la pièce durant un nombre d'heures multiple de trois. Six, neuf, douze heures peuvent se révéler nécessaires. Le problème sera de ne pas s'impatienter : **le manque de patience nuit à l'accordage** et risque de tout faire rater. La puissance symbolique du nombre trois est assez connue pour que nous n'y insistions pas ici.

Interprétation

Après le délai, on entrera doucement dans la pièce. Si l'on a réussi son accordage, il est fort probable qu'on trouvera un texte rédigé par un mort. Il faudra sans doute l'interpréter… Les énigmes d'esprits sont comme celles de la poésie : elles proposent plusieurs sens et sont consubstantielles à leur forme ! Vouloir écrire quelque chose, c'est décider de la forme de son écriture.

PNEUMATOPHONIE

La bergère

L'humble bergère lorraine parmi ses brebis... Nous pouvons tous imaginer la scène : elle garde le troupeau dans une grande solitude. Elle règne sur son petit monde. Bientôt, elle ne sera plus celle qui domine des animaux, mais celle qui dirigera une armée : Jeanne d'Arc. Elle qui « entendit des voix ».

Parenté parapsychique

La pastourelle a su écouter. L'évocation spontanée l'a menée bien loin du destin ordinaire qu'elle allait subir. Tout ceci à cause de voix résonnant dans le silence lancinant de pâtures de l'Est. Parmi ces voix, celle de la Sainte Marie. Une autre femme, une autre vierge. Une autre femme qui, elle aussi, reçut en son temps un message de l'au-delà... Cette parenté parapsychique nous fait réfléchir. **Des voix spontanées, mais quelles voix !**

Qui parle ?

Des saints, des anges s'adressent ainsi aux humains. De notre point de vue nous pouvons les considérer comme une sorte particulière d'esprits. Ce qui nous permet de mieux imaginer la pneumatophonie en tant que phénomène spontané. Mais aussi d'entrevoir la possibilité de provoquer le phénomène.

Canulars

Mais, encore une fois, qui parle ? **il serait préférable d'éviter l'évocation pneumatographique à plusieurs.** Surtout si l'on connaît peu, mal ou pas du tout l'un des participants, ou plusieurs. Car, hélas, trop de supercheries ont eu lieu. Il est trop facile d'utiliser un petit magnétophone, ou, selon la grande tradition des tromperies et canulars, d'introduire un ventriloque ou, selon le terme précis, un *engastrimythe* dans le groupe. Evidemment, un groupe de spirites expérimentés et se connaissant bien ne court pas ce genre de risques ! Pour les autres, ce ne sera qu'une escroquerie. À moins qu'un esprit inférieur ne vienne mettre son grain de sel dans la séance avec l'intention délibérée de nuire à tous, à chacun, ou à l'un seulement des participants… Gare !

Monologue et désespoir

Le désir crée la fin, mais aussi l'illusion. Don Quichotte voyait en Dulcinée une Dame. Ce n'était qu'une toute petite servante d'auberge. Il voulait la conquérir de façon héroïque. Or elle n'était pas trop difficile d'accès. Et voilà comment une fille facile peut devenir, dans l'esprit qui veut lui-même se persuader, une noble Dame à servir… C'est l'écueil. En effet, si l'on désire ardemment écouter une voix amie, on finira toujours par l'entendre. Et parfois, ce ne sera qu'un écho dans notre silence intérieur, un écho sans origine, l'écho d'un mutisme parfois généré par la grande douleur d'avoir perdu un être cher : larmes sonores, tristesse bavarde et monologue au bout du compte. La déception suivra. Parfois le désespoir.

Audibilité

Attention aux « voix intérieures » ! Elles peuvent se montrer fort convaincantes. Mais si l'on n'entend qu'en soi, qu'à l'intérieur de soi, dans un silence ambiant ou dans la rumeur de la vie quotidienne, on ne peut savoir si l'on se parle tout seul en son for intérieur ou si, réellement, un esprit s'adresse à nous. Il convient donc de prendre des précautions. Et, dans un premier temps, ne tenir compte que de ce qui est audible, clairement sonore, enregistrable… même si l'esprit effacera parfois la bande après coup pour ne pas être connu ou reconnu en dehors d'un interlocuteur privilégié.

Communication et communion

Pour amoindrir le risque d'erreur, **il est conseillé de s'adresser à un esprit déjà connu**, en qui on a toute confiance. En lui expliquant, même s'il le sait déjà, que l'on eut expérimenté cette communication intense. Cette communion. Cette conversation. On agira ainsi au cours d'une séance spirite traditionnelle : guéridon, verre à pied,

Oui-ja etc. **On prendra « rendez-vous »**, au besoin dans ces circonstances dans lesquelles la communication ne fait aucun doute. Et, selon notre attitude mentale, l'esprit acceptera ou non.

Médisances et calomnies

Même dans ce cas, il peut y avoir malchance ! On peut s'être adressé par mégarde à des esprits inférieurs. Certains ne seront que farceurs. D'autres se montreront nuisibles. D'autres encore, non délivrés de leurs obsessions terrestres, remâcheront indéfiniment des malheurs qui ne les concernent plus, de vieilles rancœurs recuites ou encore des médisances et des calomnies qui concerneront parfois des personnes mortes depuis plusieurs siècles !

Poser les bonnes questions

Il faudra donc vérifier soigneusement et à plusieurs reprises l'identité de l'esprit parleur. Pour le reste, nous avons vu les différents types de décontraction, de préparation susceptibles de nous rendre réceptifs. Comme d'habitude, on s'efforcera de poser de bonnes questions. Avec un esprit, rappelons-le, surtout un bon esprit ou un esprit supérieur, **il convient de se montrer courtois sans affectation, poli avec naturel**. Ce que nous devrions faire constamment dans la vie quotidienne envers tout un chacun ! en effet, les esprits sont très chatouilleux à ce point de vue : sans effort de politesse, pas de sincérité ! C'est une loi qui ne connaît pas d'exception ! Voici la marche à suivre.

1 – Au cours d'une séance de spiritisme « normale », on prendra rendez-vous, de préférence seul à seul avec l'esprit. Seuls les spirites confirmés pourront évoquer une conversation à plusieurs. On attendra l'accord de l'esprit évoqué.

2 – Le rendez-vous devrait avoir lieu au moins une semaine après cet accord. **Pendant ce temps, on se préparera mentalement.** Durant six jours, on ne prendra ni alcool, ni café. Et encore moins du thé. Si l'on s'adonne au tabac, on tâchera de réduire fortement sa consommation (le mieux est de

programmer une cigarette toutes les heures le premier jour, toutes les deux heures le lendemain, et ainsi de suite). Les adeptes des drogues douces devront, pareillement, s'en abstenir progressivement : une personne saturée de haschisch est une trop belle tentation pour un esprit malin. De toute façon, les spirites sont, généralement assez riches en eux pour n'avoir guère besoin de substances exogènes. Nous ne pratiquons pas le chamanisme « à l'ancienne » !

3 – **Le rendez-vous se déroulera dans une pièce bien aérée auparavant.** On s'abstiendra des mises en scène superfétatoires comme des rituels compliqués. Les bâtonnets d'encens ne sont pas indiqués : tout doit être simple, clair et pur. On peut aussi préférer un rendez-vous à l'extérieur, dans une forêt, un jardin. Le calme est de rigueur, mais les chants d'oiseaux ne nuiront jamais.

4 – **Le mieux serait d'être confortablement assis.** On doit recevoir l'esprit comme un vieil ami et parler avec lui de façon détendue, malgré l'émotion qui nous étreint en cette circonstance.

Des voix surprenantes

Il faut se souvenir que les esprits n'ont pas de voix propre. Il se peut donc qu'ils s'adressent à nous avec les intonations d'une personne connue. Il est parfois surprenant d'entendre la voix, venant de nulle part, d'un cousin habitant à des centaines de kilomètres. Et encore plus surprenant d'écouter celle d'un comédien ou d'une actrice célèbre ! C'est arrivé.

Clausule

La clausule sera tout simplement un au revoir cordial.

Tendresse spirite.

La pneumatophonie est, parmi les différents moyens de communiquer avec l'au-delà, **l'un des plus intense et des plus agréable**. C'est comme passer une soirée avec un ami. Il paraît même qu'entre un mort et un vivant de sexes opposés, certains se livrèrent au marivaudage… on ne saurait évidemment aller plus loin ! Rappelons, hélas, que, comme la pneumatographie, la pneumathophonie est réservée aux spirites expérimentés.

PSYCHOGRAPHIE

Pensée pure

L'esprit est pensée pure. Ou encore conscience achevée. Ses manifestations dans l'éther ne nous sont pas perceptibles. « L'air » subtil dans lequel ils se meuvent n'a pas d'existence matérielle. Aussi, **pour communiquer avec nous, ils ont besoin de supports**. Les uns sont strictement matériels : tables, verre à pied, etc. Les autres procèdent de l'esprit et de la matière d'une façon consubstantielle : c'est le cas de la médiumnité. La réunion de ces deux moyens est le fondement du spiritisme.

Simplicité

Un esprit peut s'exprimer par la voix d'un spirite ou par toute autre voix. Pour ce qui est de l'écriture, il peut pratiquer la pneumatographie (voir ce mot). Cependant, ce genre de communication est réservé aux spirites accomplis. La psychographie est plus simple. Elle obtiendra des messages moins directs, moins complets. Néanmoins leur teneur sera suffisante pour un dialogue fécond.

La « corbeille-toupie »

Le problème demeure la conscience du médium. Il est fort difficile de distinguer ce qui vient de l'esprit évoqué de ce qui appartient à la personne écrivant. Ce discernement sera plus aisé si le scripteur ne voit pas ce qu'il trace. Aussi a-t-on inventé la « corbeille-toupie ». Il s'agit d'une petite corbeille en osier par exemple, ou en rotin, ou en tiges de clématites, de noisetier, de bignonia, etc. Elle doit mesurer environ 15 cm de diamètre. Le crayon ou le stylo passera à travers, au centre du fond de ce corbillon.

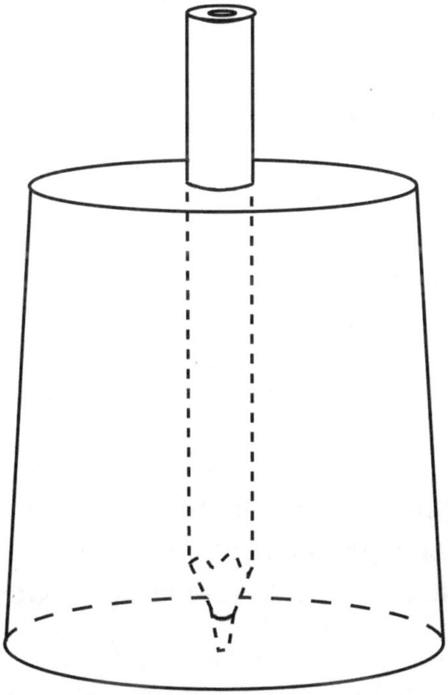

Déroulement d'une séance de psychographie

La préparation sera la même que pour toute autre séance de spiritisme. L'assouplissement de la main aussi.

1 – **Préparation**

On placera les doigts sur les bords de la corbeille. **L'avantage est double :** on ne voit pas ce qu'on écrit, tandis que l'écriture est malaisée. De ce fait, on peut penser, si le tracé est net, précis, **que ce qui est écrit provient bien d'un esprit** et non de l'inconscient du médium.

2 – **Gribouillage**

De toute façon, tout commencera par un gribouillage. Si l'esprit se manifeste, il « prendra les choses en main ». Il écrira. Bien évidemment, son écriture sera parfois peu lisible. **D'autant plus que les spirites morts depuis des siècles utilisent l'écriture de leur époque et, dans ce cas, la langue de leur époque.** On se retrouve parfois, mais pas toujours dans des situations curieuses, avec, par exemple, un message de l'au-delà en lettres gothiques rédigé en ancien Français.

3 – **Spirale**

L'instrument d'écriture ne perdra pas le contact avec le papier. Souvent, les mots seront attachés les uns aux autres. Dans certains cas, l'esprit interrompra de lui-même le flux de l'encre pour créer les espaces entre les mots. Le stylo, le crayon, n'ira pas à la ligne. **On tournera la feuille de façon à obtenir une spirale,** un peu à la façon de certains calligrammes.

Interprétation

Il faudra ensuite apprendre à interpréter le message psychographique. Pour cela, nous devons envisager une méthode efficace. **Celle des quatre sens :** littéral, analogique, symbolique et anagogique.

1. Sens littéral

Il existe d'abord un sens littéral. Il dit ce qu'il dit. Il doit être considéré en lui-même. Chaque mot doit conserver son sens le plus courant, au pied de la lettre, sans comparaison, analogie ou sous-entendu. Il est parfois nécessaire d'utiliser un dictionnaire de langue. On méditera ce sens selon la méthode Comecon, décrite ci-dessus. Ce qui peut prendre du temps ! L'esprit a l'éternité devant lui !

2. Sens analogique ou métaphorique

Maintenant, chaque mot aura à être repris d'une façon plus diffuse, plus complète. On pourra en étudier les sonorités, comme l'évocation qu'il propose. On pourra se servir d'un dictionnaire analogique. Tout devra « faire sens ». On méditera ce sens selon la méthode Comecon, décrite ci-dessus.

3. Sens symbolique ou allégorique

Que représente ce mot ? Si l'on voit, par exemple, une balance, on pensera à la justice dont la balance est le symbole. On comprendra alors que l'esprit a voulu parler de justice ou se plaint d'une injustice, etc, attention, il peut aussi s'agir d'un tout autre signe : une « balance », en argot, est un indicateur de police… selon la personnalité ou l'histoire de l'esprit concerné, c'est peut-être à prendre en compte. Bien sûr, on peut revenir au sens littéral si l'esprit a été commerçant et qu'il a passé sa vie à peser ce qu'il vendait. On méditera ce sens selon la méthode Comecon, décrite ci-dessus.

4. Sens anagogique ou spirituel

A quoi sert le message de l'esprit. D'une façon ou d'une autre, il est enseignement. Le sens anagogique est celui qui éveillera la conscience, la spiritualité de chacun. Ou qui l'élèvera. Ce sens ne peut être envisagé qu'après tous les autres. Il constitue la conclusion, la quintessence de la réflexion, de l'interprétation, de l'analyse…

Persévérance

La psychographie est l'un des moyens indirect de communiquer avec les esprits. Mais elle ne demande pas une trop grande expérience, comme la pneumatographie. Néanmoins, il faut parfois « s'accrocher » avant de parvenir à des résultants probants. Qui seront certainement au rendez-vous si l'on fait preuve de persévérance.

SÉMATOLOGIE

Légion

La sématologie est la communication des esprits au travers d'objets inanimés. La plus simple de toutes ces communications est la typtologie (voir ce mot) : les esprits frappeurs sont légion.

Expression

Puis, voici que la communication s'affine : les coups frappés ne sont plus tous identiques. L'esprit s'exprime. Il souffre, rit, pleure, « parle » en frappant avec discernement.

Un langage humain

Ensuite, frapper ne lui suffit plus. **Il lui faut préciser sa pensée : dès lors, il bougera divers objets.** Il fera comprendre la signification de l'inclinaison d'une théière, d'un bibelot. Et ce sera, dès lors, un langage complexe, chaleureux, humain.

Perversité

À moins qu'il ne s'agisse d'un esprit inférieur, méprisant, haineux, grossier, vulgaire. Dans ce cas, attention, nous ne sommes pas loin du poltergeist (voir ce mot) et de toutes les tendances les plus fâcheuses des esprits inférieurs qui infestent l'au-delà avec leur perversité macabre et répugnante.

Culture

La communication spirite n'est pas seulement un échange d'idées ou quelque révélation venue de l'au-delà. **C'est un rapport humain qui peut, comme dans le monde des vivants, aller de l'amour à la haine.** C'est pourquoi le spirite et, a fortiori le médium, a le devoir de cultiver non seulement sa bienveillance, mais aussi, et surtout, sa capacité d'aimer. La cultiver, c'est aussi SE cultiver.

TÊTE PARLANTE (POUR MÉMOIRE)

Une reine de triste mémoire

Nous savons que Catherine de Médicis, reine de triste mémoire se servait d'une « tête parlante », le chef décapité d'un criminel pour entrer en contact avec l'au-delà. Cette méthode, fort ancienne est devenue heureusement impraticable. Elle s'apparente à la nécromancie (voir ce mot). Néanmoins, il convient d'en rappeler le principe pour information. Mais aussi pour faire comprendre le problème du support de l'évocation spirite.

Viol de sépultures

Ainsi, **il fallait se procurer une tête humaine**. Chose facile pour un puissant, un grand de ce monde. Plus difficile pour un manant, un petit « sorcier » de faubourg. Ces derniers n'hésitaient pas à violer les sépultures, à corrompre les bourreaux. Nous sommes déjà dans une ambiance, un « climat » fort éloigné de l'esprit bienveillant du vrai spiritisme.

Tête fraîche

De très anciens ouvrages aux écritures peu lisibles et que seuls certains paléographes confirmés peuvent déchiffrer insistent sur le fait qu'il fallait utiliser une tête fraîche, encore sanglante... **Cette pratique peu ragoûtante se fondait sur l'idée que l'esprit d'un mort récent ne se trouvait pas encore à la même**

place que les autres. Cette âme, en effet, aurait encore été en train de cheminer vers l'au-delà, se trouvant dans une position intermédiaire entre les vivants et les morts. Ce n'est guère convaincant. Mais il se peut que certains esprits malfaisants aient répondu lorsque des personnes louches et mesquines les invoquèrent de la sorte.

Conservation et momification

D'autres préféraient des têtes conservées, parfois immergées dans l'alcool ou tout autre produit conservateur. Ou encore séchées, momifiées. Voire naturalisées par un taxidermiste. Ces dernières repoussent par leur aspect effrayant, par l'illusion de la vie, renforcée par le regard fixe d'yeux en verre. Nous nous trouvons plus dans le domaine du film d'horreur que dans celui de l'humanisme nécessaire à tout spirite respectable !

Énergie mentale

Quoi qu'il en soit, **les têtes conservées étaient censées avoir emmagasiné l'énergie réceptrice du cerveau**. Car on conservait de toute façon cet organe séché à l'intérieur du crâne. Et nous savons que le cerveau émet autant d'ondes psychiques qu'il en reçoit. Aussi, pensaient les théoriciens de cette pratique odieuse, un cerveau mort, n'émettant plus aucune onde, deviendrait *ipso facto* le récepteur idéal d'énergies mentales venant d'ailleurs. C'est imaginer l'humanité comme un ensemble de postes de radio ! La stupidité d'une telle position parle d'elle-même. Si les ondes spirituelles ou mentales sont, en effet, réelles et observables scientifiquement, il n'en est pas moins vrai que l'énergie humaine est autrement complexe. S'il lui faut parfois des supports, ils ne suffisent pas. Et surtout pas des supports aussi maléfiques !

Crâne

Certains… « spirites » se servaient, paraît-il d'un crâne, de l'os dénudé, débarrassé de sa chair. Ce qui semble aussi stupide. Et pourtant, la réflexion sur la mort, la méditation, voir la contemplation que pratiquaient les mystiques de jadis peut devenir efficace. Encore faut-il avoir la foi.

Vanité

De nombreux tableaux appelés « Vanité », afin de faire comprendre la fragilité des choses humaines, représentent un saint, un prêtre en train de contempler un crâne humain. Ce dernier sert de support à la profonde pensée religieuse. Celui qui médite ainsi, homme de foi et de charité se trouve bientôt dans un état « sophronique », au-delà de la pensée calculante ou réflective. Son « pur agir » mental le mène à se retrouver en état dit a (alpha), **c'est-à-dire à émettre les ondes particulières portant ce nom**. Et là, tout l'esprit se trouve ans un état paradoxal de complète détente mêlée d'une intense activité énergique. C'est la pensée vraie, profonde. Celle qui « pense en nous », qui est plus nous-mêmes que tout ce que nous croyons être. En plus, le désir de pureté, l'appel de la perfection induisent une réceptivité maximale, propice à une action spirite involontaire, ou semi-involontaire.

État d'esprit

Expliquons-nous : **l'esprit, l'âme, à la fois tendu et détendu attire tout ce qui lui correspond**. Ce sont les « affinités électives » des âmes. Dès lors, il peut arriver qu'un esprit cher vienne à se manifester spontanément. **C'est le phénomène des « voix »,** lorsque trois saints vinrent visiter Jeanne d'Arc, bergère isolée aux réflexions profondes. Encore n'utilisa-t-elle certainement pas de support tel qu'un crâne : la sainteté, quelle que soit la religion ou la croyance, est une chose trop particulière, précieuse et respectable pour qu'on en puisse comprendre tous les aspects.

Hamlet ; manière d'être

Revenons au crâne : le cas, moins littéraire qu'on le croit, **d'Hamlet**, prince de Danemark nous montrera combien nous devons nous défier d'idées reçues, de certitudes confortables. La vieille légende qui a donné naissance au chef-d'œuvre de Shakespeare se fonde sur le même principe que la manifestation spontanée d'un saint, d'un esprit supérieur. La seule différence est qu'Hamlet évoquait autant la mort que son père, sans toutefois le savoir ni le vouloir, le tout se trouvant dans le domaine fort ambigu du préconscient. Car, évidemment, Hamlet pose directement la bonne question, l'interrogation primordiale : « être ou ne pas être ». En rencontrant le spectre de son père, il découvre que ce n'est non seulement pas la seule alternative, mais qu'il se pose en plus le problème de la « manière d'être » ou « état », d'autant plus qu'il s'agit de la manifestation spontanée d'un esprit.

Émetteur

Le crâne du Roi, dans ce cas n'est pas un support d'énergie psychique, un récepteur d'ondes, mais le prétexte « esthétique » de la contemplation, voire d'une sorte d'évocation « involontaire » rejoignant l'aspect éthique de l'inspiration, par invocation spontanée de tel ou tel esprit. Remarquons que le spiritisme « spontané » s'adresse souvent à une seule personne, tandis que notre spiritisme délibéré nécessite un groupe uni par une volonté, une disponibilité, une foi commune.

Précautions

Si nous avons voulu traiter d'une méthode à rejeter, quoique fort pratiquée dans l'histoire, ce n'est pas seulement à titre documentaire. C'est aussi une façon de montrer que le spirite se trouve « sur la corde raide ». En effet, **le moindre manque de concentration, la moindre idée parasite peut le mener aux pires erreurs, aux superstitions les plus délirantes** voire à des maladies mentales graves, névroses, manies ou psychoses. C'est pourquoi il convient, avant tout de se sentir bien en soi-même pour tenter d'évoquer tel ou tel défunt. **Les gens fragiles prendraient des risques considérables.**

TYPTOLOGIE

La naissance du spiritisme

C'est la naissance du spiritisme. En effet, la typtologie, (du grec *tuptein*, « frapper ») est la manifestation de « Monsieur Pied Fendu », l'esprit qui se manifesta aux sœurs Fox en 1847 (voir ci-dessous) le chapitre intitulé « Le Spiritisme au fil du temps ». **Les chocs, les coups frappés sont l'un des moyens de communication préféré des esprits simples.** Ceux qui furent plus lettrés de leur vivant préfèrent souvent la psychographie ou la pneumatographie (voir ci-dessus).

Manifestations spontanées

Le plus souvent, il s'agit de manifestations spontanées : **ce sont les esprits qui, pour une raison ou une autre, décident d'entrer en contact avec les vivants.** Ces esprits ont souvent une requête à formuler, une demande. Dans le cas des sœurs Fox, l'esprit voulait qu'on connaisse les circonstances de sa mort. Il avait été assassiné. Certains esprits, de dernier ordre, sont même assoiffés de vengeance. Ils sont mêmes capables de tenter d'ordonner le meurtre d'une personne qu'ils détestent. On rencontre de temps en temps ce genre de cas : un défunt hargneux utilise des médiums faibles d'esprit.

Le code

La procédure est simple : on attribue un nombre de coups à chaque lettre de l'alphabet : 1 pour A, 2 pour B, etc. Il existe, évidemment, des codes plus complets, plus sophistiqués, voire même des langages inventés ne concernant parfois qu'une personne et son esprit familier.

Frapper

Si l'on veut évoquer un esprit frappeur, il suffit de frapper à son tour. Rien de plus simple : on aura préalablement convenu d'un « signal d'appel » ou d'une heure régulière de rendez-vous. On frappera sur une surface plane, une table par exemple.

Basculement

L'esprit, quant à lui, peut se servir pareillement d'une table en la faisant basculer d'un côté, puis de l'autre, ou encore en faisant craquer l'intérieur même du bois.

Initiation

Les messages simples et efficaces que l'on obtient par la typtologie ont, généralement, le mérite d'être clairs. De plus, l'exercice d'évocation typtologique n'est ni difficile, ni trop fatigant. **Il s'agit donc de la procédure idéale pour commencer, pour s'initier au spiritisme.**

Clausule

Il conviendra de terminer la séance par une clausule convenue d'avance.

VERRE À PIED

Douceur

Voici l'un des moyens les plus simples d'évoquer les esprits

On peut la considérer à la fois comme une variante du guéridon et du Oui-ja. Cependant, la pratique montrera comment il en diffère. C'est une question d'ambiance. En effet, chaque procédé de communication avec l'au-delà propose une certaine manière de la vivre. Le verre à pied provoque une ambiance plus douce que le guéridon. Il semble que ce soit le moyen le moins marquant de spiritisme.

1 – Le verre

Il faut se munir d'un simple verre à pied. Les Français sont ici avantagés, car le modèle le plus courant, le « ballon » des cafés et brasseries constitue le modèle idéal par l'équilibre de ses dimensions. Cela dit, tout autre verre montrera une efficacité sans faille. Bien évidemment, certains préfèrent le cristal, pensant que la pureté, la transparence du réceptacle peut favoriser la communication. Ce n'est pas certain. D'autres recommandent les verres de cristal teintés, en cristal de Bohème et vont jusqu'à vouloir assortir la couleur du verre à l'humeur et au désir présidant la séance selon la symbolique chromatique : jaune pour l'énergie, vert pour l'espoir, etc. Pourquoi pas ? Il n'en est pas moins vrai que le verre le plus simple donne des résultats satisfaisants et que ce raffinement est peut-être légèrement superfétatoire…

2 – Disposition des lettres

En plus du verre, il faudra se munir d'une feuille de papier assez grande, disons 60 cm sur 60 cm. On la posera sur une table. Comme pour le Oui-ja, on inscrira, les lettres de l'alphabet et les mots « oui » et « non ». Seulement, ces lettres seront inscrites sur le pourtour de la feuille, de la façon suivante :

- Côté supérieur : Oui ABCDEF Non
- Côté gauche : GHIJKLMN
- Côté droit : OPQRSTU
- Côté inférieur : Oui VWXYZ Non

Il existe des variantes de cette disposition avec, ou non, les chiffres.

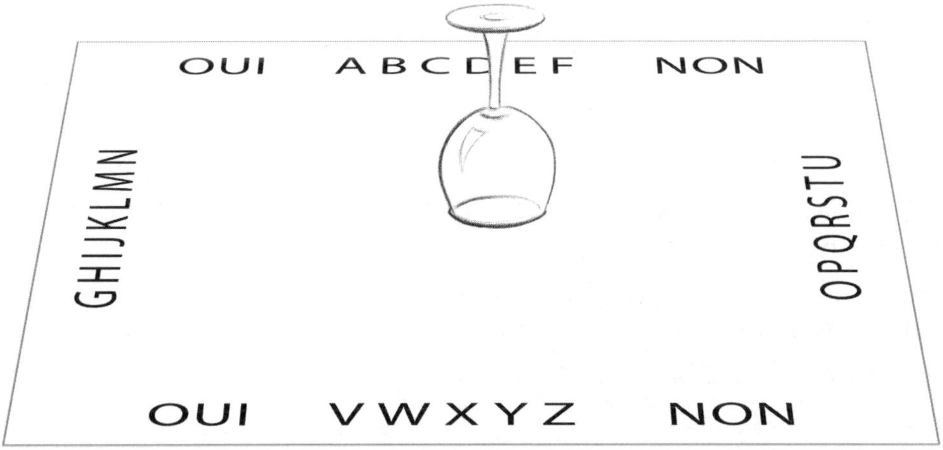

3 – Préparation mentale

Il faut désigner un conducteur de séance. Bien évidemment, le recueillement est indispensable. Le verre est posé, pied en l'air, au centre de la feuille ou un peu vers le haut. Les participants prennent place autour de la table. Il faut attendre une ou deux minutes dans le silence complet. On se préparera mentalement comme nous l'avons déjà vu.

4 – Inspiration, expiration

Chacun posera l'index droit (gauche pour les gauchers) sur le pied du verre. Le bras droit sera étendu, très légèrement plié, sans contraction. Les coudes ne toucheront pas la table. Chacun respirera ensuite profondément trois fois. La durée de l'expiration sera le triple de celle de l'inspiration. Cet exercice peut être utile dans tous les modes d'évocation, même s'il est particulièrement recommandé dans le cas présent. Aucune influence, mentale ou physique ne doit être dirigée sur le verre.

5 – Délai

Si tout a bien été observé, si personne dans l'assistance ne se montre incrédule ou méfiant, le verre ne tardera pas à s'animer. Pourtant, dans certains cas il faut attendre cinq ou six minutes.

6 – Vérification d'identité

Le conducteur demandera alors l'identité de l'esprit présent selon la procédure habituelle, comme nous l'avons vu dans les cas précédents. **Le verre répondra en glissant de lettre en lettre.** Les participants auront l'impression que leurs doigts sont collés sur le pied du verre. Et que celui-ci les entraîne vers telle ou telle lettre. Les opérations déjà mentionnées serviront à distinguer un bon esprit d'un imparfait.

7 – Clausule

La séance finira par la prononciation d'une clausule.

Chapitre V

Appareils et techniques modernes

Générateur d'Hans Otto König

Scepticisme

Hans Otto König refusait de croire aux phénomènes parapsychiques et, particulièrement **aux voix enregistrées**. Las de débattre à l'infini, durant de longues conversations dans lesquelles chacun restait mordicus sur ses positions, il décida de prouver l'inexistence de ces voix et de la communication spirite avec l'au-delà.

Un générateur d'ultrasons

Cet électronicien n'y alla pas par quatre chemins. Puisqu'on enregistre les voix des esprits, ce serait par l'électromagnétisme qu'il démontrerait son propos. Il construisit un générateur d'ultrasons qui, selon lui, pouvait trier le bon grain de l'ivraie en démasquant ce qui occupait les fréquences indues et que l'on prenait pour des voix défuntes.

Effet inverse

Et voici que le dispositif produisit l'effet inverse. Loin d'infirmer l'idée que les défunts peuvent s'adresser à nous, **le générateur d'Hans Otto König démontrait l'existence d'une telle communication !** Et d'une façon saisissante. König, loin d'être un fanatique de la rationalité, l'admit de bon cœur.

« Téléphone de l'au-delà »

Ce générateur devint rapidement l'appareil privilégié de la transcommunication. Véritable « téléphone de l'au-delà », il propose aux esprits l'émission d'ultrasons d'une fréquence de 5 kHz.

Voix étranges

Avec le générateur d'Hans Otto König, la voix des esprits s'entend clairement. Mais il arrive que l'on se retrouve perplexe : l'esprit a toujours besoin d'un intermédiaire, d'une personne ou d'un objet transitionnel. Il peut s'agir d'un être humain dans la médiumnité, mais aussi d'un objet, comme le guéridon, le verre à pied ou le Oui-ja. Aussi utilisera-t-il le bruit de fond pour s'exprimer, puisqu'il ne possède pas de voix propre, au sens terrestre du terme. S'il est pur souffle, il lui manque des cordes vocales. De la matière. Pourquoi pas des électrons ? Des ondes ? **Ce qui donne des voix parfois étranges, aux sons grinçants et graves ou, au contraire de curieuses voix mielleuses, aiguës ou quasi enfantines** accordées aux ultrasons qui les produisent.

Modulation de fréquences

L'esprit, grâce au générateur d'Hans Otto König peut moduler une fréquence, un son, jusqu'à former des phrases intelligibles comme si le tout provenait d'une voix haute et claire.

Principe de fonctionnement

Le générateur d'Hans Otto König mélange les ultrasons et le rayonnement infrarouge. Par balayage, cette association pourra sélectionner les fréquences les plus propices à créer un canal ou un pont particulier, efficace, irremplaçable entre les deux mondes. L'appareil fut inventé en 1981. Il n'a jamais cessé de fonctionner depuis, avec des résultats régulièrement surprenants autant que probants.

Fréquences propices

Evidemment, nous ne pouvons utiliser un tel appareil sauf à contacter Hans Otto König. Il est, hélas, bien trop absorbé par ses propres recherches pour collaborer avec tout un chacun. **L'existence de son générateur nous prouve néanmoins que certaines fréquences sont plus propices que d'autres à la manifestation des esprits.** Il existe, par ailleurs, un certain nombre de chercheurs qui ont construit des générateurs semblables.

Homme-force de Zaalberg Van Zelst

Zaalberg Van Zelst

On date généralement les débuts de la transcommunication instrumentale de la fin du XIXe siècle. À La Haye, un ingénieur, Zaalberg Van Zelst qui étudiait le spiritisme depuis fort longtemps, fit le serment de communiquer, après sa mort, avec son fils et un ami très cher. En 1903, après le décès, tous trois communiquèrent d'une façon classique, à l'aide d'un médium.

La première machine

Van Zelst, depuis l'au-delà, fit, petit à petit, connaître les caractéristiques physiques de l'être humain dématérialisé. **La désincarnation est un phénomène complexe aux multiples facettes.** À l'époque, le travail concernant la nature des ondes et rayonnement en était encore à ses premiers balbutiements. Il fallut donc se servir de l'intuition, très subtile de Van Zest pour faire comprendre aux deux vivants la toute première procédure automatique de communication avec l'au-delà. Et pour les amener à construire la machine idoine, ancêtre de toutes les autres.

Description du dispositif

Il s'agit d'un tube de carton épais de 60 centimètres de long. Le diamètre doit être de 40 cm. Ce tube est relié par un tuyau de para (résine caoutchouteuse) à un vase de verre cylindrique gradué. Ce tube de verre contient de l'eau. L'air ne peut absolument pas entrer dans ce dispositif.

Pression indicatrice

Cette étanchéité à l'air permet, de fait, à l'énergie constitutive des diverses radiations de s'introduire dans le carton. Sur le conseil de Van Zelst, cette énergie fut nommée « Homme-force ». Une fois introduite par osmose dans le carton, la force en question crée une pression indicatrice de la dilatation ou, au contraire, de l'expansion de son corps. Ce qu'indiquera un index flottant dans le tube en verre.

Caractéristiques physiques de l' « Homme-force »

Ainsi, les chercheurs purent facilement déterminer le poids, le volume, la masse, la densité, la nature moléculaire de « l'Homme-Force ». Ce moyen, qui nous semble archaïque voire un peu « bricolé » de mesure de la transcommunication n'en est pas moins efficace. Et c'est pourquoi, après maintes controverses, il est encore utilisé de nos jours, en complément d'appareils électroniques de plus en plus sophistiqués.

Un précurseur

Van Zelst, on le voit, fut un véritable précurseur. L'intuition géniale consistant à déterminer les caractéristiques physiques de l'immatériel a ouvert un champ d'investigations scientifiques qui semble inépuisable.

INFRAROUGES

Sang et flammes

Le rayonnement électromagnétique infrarouge se situe entre un micron et un millimètre. On l'utilise à des fins guerrières, pour le chauffage, la photographie... Au-dessous du rayonnement rouge, symbolisant le sang ou les flammes, **l'infrarouge est propice aux expériences spirites**. Sa force particulière peut servir « d'aimant » pour attirer certains esprits. Ce sont généralement des esprits inférieurs dont il faudra se méfier.

Réceptivité maximale

On s'en sert d'abord dans la préparation physique et mentale des médiums. Ce rayonnement, qu'on utilise parfois pour bronzer, donne à l'épiderme une réceptivité maximale, ce qui renforce celle des phanères (ongles, cheveux) véritables « antennes » à énergie psychique. Cependant, **les rayons infrarouges sont dangereux et peuvent provoquer de graves brûlures**. Il faut porter des lunettes spéciales et ne pas prolonger la durée des séances telle qu'elle est conseillée sur la notice accompagnant les lampes génératrices. Les personnes à la peau fragile, les photophobes, devront être très prudents.

Chaleur

La photographie spirite peut utiliser les infrarouges. En effet, **les lunettes à infrarouges détectent la chaleur et permettent de voir les êtres vivants et les objets émettant de la chaleur dans l'obscurité.** A contrario, dans un endroit bien chauffé, ou surchauffé, on peut voir, comme en négatif, ce qui n'émet pas de chaleur. **Un appareil photographique à infrarouges peut, dans certains cas, permettre de voir les esprits et d'en garder la trace sur une pellicule appropriée**.

Générateur

Associés aux ultrasons, les rayons infrarouges constituent le principe du générateur (voir ce mot) d'Hans Otto König.

MAGNÉTOPHONE

Esprits et modernité

Les esprits aiment à se servir des inventions humaines pour se manifester. À peine eut-on inventé des appareils pour la conservation des sons, paléophone, gramophone, phonographe, etc. que, déjà, des voix venues de l'au-delà parlèrent par ce truchement. Ce ne fut pas inattendu. Au contraire. Thomas Edison qui, après le gramophone de Charles Cros, inventa le phonographe, essaya même de mettre au point un appareil spécifique, destiné à enregistrer les esprits. Les ondes spirituelles et les ondes magnétiques, pensait-il pourraient ainsi fraterniser pour parfaire la communication entre vivants et morts.

Manifestation spontanée

On ne sait si Thomas Edison obtint des résultats. Quelle que fut son ingéniosité, l'enregistrement des esprits commença par une manifestation spontanée. C'est l'habitude, semble-t-il, des esprits : **ils commencent par nous parler d'eux-mêmes, afin de nous faire savoir qu'ils sont éventuellement disponibles**. Ensuite, ils nous laissent faire, choisissant celui qui, parmi les spirites, méritera leur attention.

Rouille et papier collant

La possibilité d'enregistrer les voix spirituelles est mentionnée dans un journal londonien, *Light*, en 1912. L'article est confus : on ne comprend pas très bien quelle fut la procédure. À la fin de la deuxième guerre mondiale, l'industrie japonaise se relevant difficilement après les épreuves que nous connaissons commença à fabriquer des magnétophones et donc des bandes magnétiques. Ce fut d'abord en projetant de la rouille sur du papier kraft collant humidifié. Ce procédé « avec les moyens du bord » ne garantissait pas une fidélité extrême. Cependant, en juillet 1950 un ingénieur japonais, qui a toujours voulu rester anonyme, a déclaré à la presse qu'il avait pu entendre son père, mort durant l'explosion atomique de Nagasaki. Le vieil homme lui raconta comment il perdit la vie dans une lumière « plus claire que mille soleils », avant de rencontrer une autre lumière, ineffable et paisible, celle du repos éternel dans le séjour des dieux.

Le ténor et les oiseaux

En dehors de ce témoignage partiel, rien ne se passa durant presque une décennie. Il fallut attendre le 12 juin 1959 pour que la première étape soit franchie. Elle commence d'une façon fort poétique. À cette époque, en effet, Friedrich Jürgenson, un chanteur classique, un ténor suédois, se passionnait pour les chants d'oiseaux qu'il aimait enregistrer au cours dc longues promenades dans la campagne. Quiconque connaît l'ambiance particulière des plaines de la Scandinavie comprendra combien les forêts, les prés, les futaies de cette vaste région sont propices à élever l'âme, à lui faire désirer le contact avec les forces vives et pures qui nous dépassent, nous inspirent et qui nous dirigent. C'est dans cette contrée dont le silence semble garder en mémoire le tumulte des combats antiques, du marteau de Thor, de la voix d'Odin que notre chanteur marcha, durant des journées entières, pour capter les voix célestes du rossignol ou le croassement du corbeau, tandis que là-haut, dans la lumière unique d'un ciel brillant se massaient les groupes d'oies sauvages cacardant à qui mieux mieux.

Trompette de l'au-delà

Grives, alouettes, pinsons, merles... De retour chez lui, Friedrich Jürgenson écouta les chants « mis en boîte ». Et voici qu'un son éclatant le fait sursauter. Quelle est donc cette trompette? Friedrich Jürgenson pensa d'abord qu'on lui avait vendu par mégarde une bande magnétique déjà utilisée. Il rembobina, réécouta...

La voix d'une mère

Cette fois, pas de doute: la bande conservait bien autre chose que les trilles du rossignol! **Friedrich Jürgenson distingue claire-**

ment une voix humaine qui lui conseille de persister, de continuer à enregistrer les cris des oiseaux. D'autres voix s'adressèrent peu à peu au chanteur, elles lui parlèrent suédois, dans le dialecte local, en allemand, en italien. Enfin, il reconnut la voix d'une femme l'appelant par son prénom : **celle de sa mère**.

Jürgenson : un pionnier

Friedrich Jürgenson, avec l'émotion que nous pouvons imaginer, garda le contact avec sa maman. Il ne savait pas encore qu'il devenait le pionnier de la transcommunication. Depuis, les chercheurs ont beaucoup travaillé. Ils ont mis au point toute une série d'appareils extrêmement sensibles et qui permettent de capter les voix de l'au-delà d'une façon efficace.

Choix d'un magnétophone

Ces appareils complexes, onéreux sont hors de notre portée. Mais, qu'on se rassure, **il est possible de communiquer avec l'au-delà au moyen d'un magnétophone ordinaire à bandes**. Les modèles permettant de passer une bande à l'envers sont les plus indiqués, mais ils sont rares. En effet, il arrive que les esprits, pour n'être pas entendu de tous, mais seulement de quelques-uns, parlent « à l'envers ». Leurs voix ne peuvent donc s'entendre qu'en inversant le sens de déroulement de la bande magnétique.

Anciens modèles

Les anciens modèles, par leur solidité et leurs possibilités sont les plus adaptés. Il conviendra d'éviter la stéréophonie qui risque de brouiller le son. On trouve, pour un prix abordable de bons vieux magnétophones en bon état de fonctionnement, dans les magasins d'occasion. Ce sont les modèles idéaux. Il faut qu'ils soient munis d'un variateur de vitesse. Encore que certains spirites parviennent à ralentir ou à accélérer le déroulement d'une bande magnétique à la main, comme le font les DJ et autres rappeurs sur les disques vinyle !

Bruit de fond

Les voix de l'au-delà n'aiment pas le silence, dès qu'on les enregistre. Elles ne veulent pas que n'importe qui puisse les comprendre. Elles s'adressent toujours à des personnes privilégiées qu'elles ont choisies en prenant pour critère la qualité de leurs évocations. **Il faudra donc enregistrer un bruit de fond. Pourquoi ?**

Résonance stochastique

Il s'agit de ce qu'on appelle « résonance stochastique ». Ce mot vient du grec et désigne en cette langue l'action de viser, voire, de montrer du doigt. Cet adjectif désigne les événements fortuits, ce qui est dû au hasard et que l'on détermine par un calcul statistique afin d'établir les probabilités en leur occurrence. Ce calcul a permis, au départ, de déterminer l'efficacité d'un bruit de fond pour enregistrer les esprits : **les signaux de faible intensité sont clarifiés dès qu'on les écoute enregistrés parmi d'autres sons**.

Choix d'un bruit de fond

Un tohu-bohu serait trop confus. Mais des sonorités plus douces, régulières leur donnent une qualité particulière. Il peut s'agir du bruit des vagues, du vent… **car les bruits naturels sont émis sur des fréquences fort propices à l'écoute et à la compréhension des « voix chères qui se sont tues »**. Mais on peut aussi utiliser d'autres sources sonores : émission de radio dans une langue inconnue, le signal de la bande FM ou « Eurosignal ». Ou encore de l'onde dite « vrombissante » que Friedreich Shaeffer, un chercheur, ingénieur du son et spirite, préconise. Sa fréquence est de 1 480 kHz.

La séance d'enregistrement

1 – Préparation

Une préparation sera la bienvenue. Voyez donc quels sont vos exercices préférés pour atteindre un état de réceptivité maximale. Portez des vêtements amples ou décrochez votre ceinture, relâchez votre cravate, détendez tout autre lien. Respirez à fond.

2 – Confort et recueillement

Placez un micro-omnidirectionnel à un mètre, environ de l'appareil. Faites dérouler la bande portant le bruit de fond. Installez-vous confortablement dans votre fauteuil préféré. Recueillez-vous.

3 – Respiration

Expirez en vous vidant les poumons le plus possible. Bloquez la respiration durant une minute (approximativement), expirez très lentement. Recommencez à trois reprises. La bande continue à se dérouler.

4 – Visualisation
Pensez fortement à la personne que vous voulez évoquer. S'il s'agit d'un parent, d'un ami, essayez de le « visualiser » mentalement en souvenir, durant un moment heureux que vous avez passé ensemble. Appuyez sur le bouton d'enregistrement.

5 – Imprégnation
Recueillez-vous. Écoutez activement le bruit de fond. Qu'il vous pénètre, qu'il vous imprègne, qu'il vous sature. Refaites l'exercice respiratoire ci-dessus. L'enregistrement doit être bref. On peut le recommencer à loisir, mais toujours brièvement.

6 – Audition
Écoutez. Parfois, « ça marche » du premier coup. Le plus souvent, il faut réitérer.

Enregistrements peu audibles

S'il arrive que vous obteniez des enregistrements imprécis, brouillons, confus, **vous êtes sur la bonne voie**. Les esprits viennent à vous mais désirent une autre forme d'écoute. Laissez donc le magnétophone dérouler sa bande tandis que vous faites autre chose. Vaquez à vos occupations.

Gastronomie de l'au-delà

Bien des cuisinières ont ainsi obtenu de bons résultats, jusqu'à des conseils culinaires émanant de grands chefs défunts ! Elles ne se préoccupaient plus du magnétophone, maniaient leurs casseroles comme d'habitude quand la manifestation intervint. C'est ainsi qu'en 1988, à Oakland, dans l'Oregon, Martina Hole, **une jeune femme qui venait d'ouvrir un restaurant « retrouva » une recette de famille, datant de l'époque de la conquête de l'Ouest**. Cette préparation, au secret jalousement gardé, était traditionnellement transmise par les femmes, d'une génération à l'autre. La mère de Martina Hole n'avait pas eu le temps de lui transmettre avant de passer « de l'autre côté ». Et ce fut un succès pour le restaurant nouvellement créé.

Perfectionnement

Lorsque vous en êtes à ce stade, **vous pouvez envisager de laisser un magnétophone tourner en votre absence**. Chez vous, par exemple, durant vos heures de travail à l'extérieur. Au retour, vous aurez parfois des surprises !

Courtoisie

Dans ce genre de séance, il n'y a pas besoin de clausule. Cependant, après l'écoute de l'enregistrement, **il est bon de remercier mentalement l'esprit qui s'est manifesté**. Cette politesse plaît beaucoup aux esprits. À condition qu'elle soit sincère !

ORDINATEUR

Nouveaux moyens

Les esprits aiment décidément utiliser les nouveaux moyens de communication. La radio, la vidéo sont devenus des outils courants du spiritisme. Il n'y a donc rien de surprenant au fait que l'ordinateur puisse servir au même usage.

Manifestation spontanée

Encore une fois, tout commença par une manifestation spontanée. **Les esprits choisissent leur cible.** Cette fois ce fut un statisticien allemand, Manfred Boden. En 1980, il découvrit que plusieurs parties d'un programme informatique dont il se servait fréquemment devenaient étranges. Avait-il fait une fausse manœuvre ? Avait-il, par mégarde, mélangé deux programmes, deux logiciels ? Que signifiaient ces chiffres, ces lettres, toujours les mêmes qui apparaissaient d'une façon incongrue ? Réfléchissons…

Doute

Boden n'attendit pas trop longtemps avant de se rendre compte qu'il voyait sur l'écran, **les initiales et la date de la mort de l'un de ses amis décédé quelques mois auparavant**. Encore sceptique, il réfléchit : et si un mauvais plaisant avait tout manigancé ? Seulement voilà : aucune personne, dans son entourage n'était censée connaître cette date. Il n'en avait jamais parlé à ses collègues. **Et si son ami voulait vraiment communiquer ?**

« Mode d'emploi »

Hans Boden se plaça devant son écran. Il observa soigneusement ce qu'il voyait. Bientôt, **l'esprit lui communiqua une sorte de « mode d'emploi » du spiritisme informatique**.

Disquettes inspirées

Il arrive que des disquettes neuves, y compris des disquettes de haut de gamme, soigneusement vérifiées s'imprègnent de messages venus de l'au-delà. Elles sortent vierges de l'usine et voici qu'entre leur fabrication et leur emploi, **elles se formatent et accueillent des messages d'une façon mystérieuse**. De nombreux chercheurs, comme l'Allemand Adolf Homes et les Luxembourgeois de l'équipe spécialisée Harsch et Fiscbach…

Vieil anglais

Ces communications peuvent se révéler bien surprenantes : En 1984, un professeur anglais, Ken Webster reçut des messages informatiques en Anglais du XVIe siècle. Un esprit, ayant vécu à cette époque, semblait s'être fort bien adapté à l'informatique. Désormais, il communique régulièrement avec Webster.

Berlioz

En 1997, le Français Francis Boinneau aurait été visité par Berlioz, ce qui a donné de bien étranges conversations. **Boinneau, pianiste dans une boîte de nuit, reçut les messages de Berlioz alors qu'il recherchait des partitions sur**

Internet. Ce musicien fut effaré par la demande invraisemblable du compositeur romantique. Comme beaucoup de musiciens perfectionnistes, Berlioz aimait à reprendre, à corriger, à améliorer ses œuvres. C'est pourquoi Berlioz demanda à Boinneau de réharmoniser ses œuvres sous sa dictée. Boinneau, effaré, refusa catégoriquement.

Boinneau en colère

D'autres esprits de musiciens vinrent le solliciter pour les mêmes raisons. Boinneau, outré, s'énerva. Il se fâcha même lorsqu'il fut question d'achever certaines symphonies... L'esprit semble s'être calmé et les rapports entre le mort et le vivant sont devenus plus cordiaux et moins conflictuels. L'ennui c'est qu'on ne saurait réellement déterminer s'il s'agit bien de Berlioz et des musiciens en question plutôt que des esprits farceurs, ravis de leur mauvaise blague.

Deux façons principales :

Communiquer avec l'au-delà au moyen d'un ordinateur peut se faire de deux façons principales. La première est d'avoir l'esprit accueillant, harmonieux : ce sont alors les esprits eux-mêmes qui « rendront visite » spontanément au spirite. Par le texte et par l'image, selon leur humeur.

Évocation traditionnelle

La seconde est une évocation traditionnelle, à la façon du guéridon ou du verre à pied. Elle se pratique en groupe : il suffit de poser les mains sur le dessus de l'ordinateur. **Le conducteur, lui, est installé devant le clavier.** Ses doigts sont posés sur les touches de la rangée médiane : QSDFGHJKLM (pour un clavier Azerty). **Il est détendu, attend la concentration des fluides mentaux produits par les autres spirites.**

Images et textes

Il se sera préparé comme nous l'avons vu. **Il tâchera d'atteindre un état sophronique ou a (alpha).** Il faut parfois être patient. Toujours est-il que les doigts du conducteur de séance se mouvront indépendamment de sa volonté et transmettront le message spirite. Au bout d'un certain temps, des images apparaîtront peut-être tandis que **l'esprit inscrira de lui-même et sans l'aide des touches, les phrases qu'il veut adresser aux vivants.** On ne sait pas pourquoi il convient de toujours commencer par ce cérémonial. Parfois, les esprits nous paraissent curieux, étranges, avec des manies incompréhensibles. Mais sans doute ont-ils leurs raisons.

Un marché

La « mode » du spiritisme informatique fit sensiblement augmenter les ventes d'ordinateurs. **Il existe maintenant de nombreux logiciels d'évocation.** Ce ne sont pas des jeux : ils ont montré leur efficacité. Du moins pour certains.

Rumeur

Le marché a pris une telle ampleur que la concurrence fait rage. Au point que l'on raconte que des fabricants de PC ont fit courir le bruit que leur produit est meilleur, dans le but spirite, que les ordinateurs concurrents. C'est évidemment faux tandis que les esprits ne sont en aucun cas sponsorisés par telle ou telle marque.

Outillage et électroménager

Le hasard – ou une volonté venue d'ailleurs – pourra parfois bien faire les choses : de telles fréquences se produisent parfois spontanément, **durant le fonctionnement d'un appareil électrique**, d'un outil ou d'un ustensile électroménager. Aussi curieux que cela puisse paraître, la voix d'un défunt peut surgir, tout à coup, d'une perceuse à percussion ou d'un four à micro-ondes ! À nous de demeurer réceptifs, bienveillants, accueillants... Ces phénomènes sont moins rares qu'on le croit généralement. Il suffit d'être attentif ! Attention, toutefois, aux esprits inférieurs mal intentionnés !

Paranormales (images)

Traces diverses

Les images paranormales sont toutes les traces visibles et qu'il est possible de conserver des communications avec l'au-delà. Elles sont aujourd'hui dépendantes de dispositifs, d'appareils divers.

Progrès et révélation

Bien évidemment, avant tous nos progrès techniques, photographie, scanner, vidéo, etc, on a cherché à conserver des traces de ces communications. Des auteurs ont décrit ce qu'ils avaient vu, des peintres et des graveurs les ont reproduites sur une toile ou sur une plaque de cuivre. **Mais c'est avec l'invention de la photographie que ces traces se sont vraiment révélées (au sens propre !).**

Un grand mouvement

Au début du XXe siècle un grand mouvement spirite, divers, généreux, désordonné, disparate, amena des chercheurs et des savants à se pencher sur la question. En France, en Allemagne, en Italie, en Espagne, les traces ectoplasmiques furent légion. À Paris, **Guillaume de Fontenay**, astronome faisant partie de l'équipe de Camille Flammarion se passionna pour le sujet. Il publia *La Photographie et l'étude des phénomènes psychiques* en 1912. Ce recueil, fort bien édité, pose les bases d'une véritable méthode photographique du paranormal. Avec une grande rigueur, Fontenay nous montre comment ne pas se laisser leurrer par différents trucages ou même par la fécondité luxuriante de notre imagination.

Fonds privés

Les pouvoirs publics, dans la France de l'époque, se préoccupaient à peine de recherche. Les premiers instituts scientifiques furent fondés, ça et là, sous l'impulsion de chercheurs et de savants.

Beaucoup de scientifiques renommés durent « faire du porte-à-porte », quémander des fonds privés pour mener à bien une œuvre bénéfique pour le bien public. Il en fut de même pour les recherches concernant l'occultisme, le paranormal, l'ésotérisme.

Mécénat

La photographie d'ectoplasmes ne fut pas en reste. Sans la fortune d'Emmanuel Vauchez, philanthrope décidé, la « Société d'Étude de la Photographie Transcendantale » n'aurait jamais vu le jour. Cette fondation initia un travail de fond ayant permis d'avancer d'une façon considérable dans la connaissance de ces phénomènes. Émile Vauchez alla plus loin : il organisa un concours dont le prix était de 50 000 F (de l'époque !) à toute personne qui :

Par un appareil approprié ou un produit chimique à déterminer, permettra de photographier à volonté et sans médium, les radiations et les êtres de l'espace.

Un autre mécène est beaucoup plus célèbre. Il s'agit du père de Sherlock Holmes, Sir Arthur Conan Doyle, qui milita pour la défense de l'occultisme et favorisa financièrement la recherche concernant le paranormal. Hélas, ce grand mouvement, à tendance humaniste, fut contrecarré par un problème épineux.

Premières falsifications

En effet, toute médaille a son revers, tandis que les tendances humaines à la fraude demeurent invincibles. Dès les toutes premières photographies de type ectoplasmique, il y a eu contrefaçons, falsifications, trucages.

Farceurs inoffensifs

Les coupables furent parfois de simples farceurs, incrédules, inoffensifs et goguenards. Ils se livraient à de grosses blagues, parfois énormes, en faisant apparaître d'étranges personnages, des fantômes improbables sur des plaques photographiques. Leur but était l'amusement qu'ils pratiquaient dans un esprit potache plutôt sympathique et sans danger.

Escrocs et margoulins

Une deuxième catégorie de fraudeurs est déjà beaucoup moins estimable. Il s'agit de la multitude d'escrocs, de margoulins de profiteurs qui exploitèrent d'une façon éhontée le chagrin d'une veuve, l'affliction d'une famille. Ces voyous faisaient apparaître à la demande l'esprit du cher disparu et se faisaient payer fort cher pour une misérable supercherie. Il est tellement facile de profiter de la douleur des autres !

Charlatans

Parmi ces truqueurs, beaucoup se donnaient en spectacle, avec des mises en scènes impressionnantes chez les grands de ce monde. Ils gagnaient de grosses sommes d'argent en suscitant de fallacieux esprits frappeurs et autres déplaceurs d'objets. Certains furent démasqués et punis par la justice. D'autres vécurent longtemps, fortune faite, aux dépens de la crédulité ambiante.

Iconoclastes et censeurs

La dernière catégorie est moins connue et plus difficilement repérable. Il s'agit des sceptiques militants, de rationalistes de tout poil, ou encore, et au contraire, de religieux fanatiques détestant le spiritisme au moment même où leur église adoucissait sa position envers le paranormal, l'occultisme, etc. Ces gens truquèrent aussi. Mais dans le sens inverse ! Constatant la réalité d'un phénomène parapsychique, la réalité d'un ectoplasme photographié, ils n'avaient de cesse d'en détruire les traces. À cause d'idéologies perverties, de fanatismes odieux, **de nombreux documents, qui seraient fort précieux pour qui s'intéresse à l'histoire du spiritisme, ont été modifiés, retouchés, falsifiés ou tout simplement détruits!** Maintes fois, il a fallu recommencer une expérience ancienne à cause de ces actions coupables menées par des chantres de l'inculture et de l'erreur !

Regain

Aujourd'hui, grâce à l'opiniâtreté des chercheurs, au regain d'intérêt des scientifiques comme du public pour le paranormal, nous retrouvons petit à petit ce qui a été détruit. C'est au prix d'un travail aussi nécessaire que coûteux. L'obscurantisme coûte toujours cher !

Recul de l'obscurantisme

Parmi les « truqueurs », nous l'avons dit, certains agissaient pour des raisons religieuses. Leur indignité ne devrait pas jeter le discrédit sur d'autres religieux, fidèles ou prêtres qui se penchèrent honnêtement sur la question. Certes, ce fut le plus souvent pour démontrer l'inexistence des images paranormales et de tout ce qui est occulte. Leurs recherches rigoureuses les menèrent généralement à constater la réalité de ces phénomènes, à tel point que les détracteurs de la veille devinrent souvent les plus acharnés chercheurs en la matière !

Désuétude...

Aujourd'hui, les anciennes photographies d'ectoplasmes nous semblent bien désuètes. Avec l'essor de la vidéo, du DVD, voici qu'elles prennent un charme suranné, attendrissant, voire, de temps en temps, quelque peu ridicule. Cependant, il ne faudrait pas en rester à ces impressions et garder en mémoire le courage, la constance des « pionniers de l'au-delà » qui nous ont laissé ces précieux témoignages...

Comment photographier l'invisible

Il n'est pas difficile de fixer l'image d'esprits à peu de frais. Voici comment procéder :

1 – Préparation

Les esprits, nous le savons, se manifestent **plus volontiers aux personnes accueillantes**. Certes, dans le cas de la photographie, le médium n'est pas le vecteur de la manifestation. Néanmoins, il est préférable qu'il ait « découvert son silence intérieur », qu'il soit détendu. Le mieux est de pratiquer la décontraction, les exercices que nous avons mentionnés.

2 – L'appareil

Le mieux serait d'utiliser une chambre noire sans objectif. On trouve encore, dans les brocantes, ces vénérables boîtes à images en bois vernis. L'ennui c'est qu'il faudra trouver des plaques ou les fabriquer soi-même. Ce n'est pas si difficile.

3 – Le sténopé

Au sens propre, le sténopé (du grec *sténo*, étroit, et *opé*, trou) est l'ouverture minuscule sur le devant d'une chambre noire et servant d'objectif. Le sens s'est étendu jusqu'à désigner le dispositif lui-même : une chambre noire de fortune. Mais efficace.

4 – Fabrication du sténopé

Il suffit de se procurer une boîte à chaussures. On peindra l'intérieur, voire l'extérieur en noir mat. Sur l'un des côtés étroits, on placera un papier-calque à l'intérieur, que l'on badigeonnera (dans le noir !) une solution photographique (voir un manuel de photographie ou demander conseil à un photographe) ou on placera une pellicule 6x6 ou 6x9 découpée sur le carton. On prendra soin de bien fixer avec du ruban adhésif. On fermera la boîte avec le même ruban adhésif. La lumière ne doit pas pouvoir pénétrer à l'intérieur de la boîte à chaussures.

5 – La prise de vue

On disposera la boîte dans un endroit calme, sur une table ou n'importe quel support stable. Devant elle, on installera des objets appartenant au défunt, ou le concernant (portrait, photographie, numéro de sécurité sociale inscrit sur une ardoise, etc.). Quand tout sera bien installé, quand les objets seront bien dans l'axe de la boîte, on percera le côté étroit opposé au calque ou à la pellicule. On devra faire un trou bien net, tout petit. Par exemple de la dimension de la pointe d'un petit clou. De cette

dimension dépend, normalement la netteté du cliché. Cependant, **l'esprit, en se plaçant devant le sténopé, trouvera la « bonne distance »** ce qui remplacera une « mise au point » impossible en ce cas.

6 – Attente

On laissera le sténopé dans la pièce en question durant cinq heures. Ensuite, à l'aide d'un ruban adhésif, on bouchera le trou. On emportera la boîte en laboratoire ou dans un endroit complètement obscur.

7 – Il ne restera plus qu'à développer, puis à révéler. S'il s'agit d'une pellicule, rien n'est plus simple : on la confiera à un photographe ou l'on se servira de l'éventuel matériel dont peut disposer un photographe amateur. Si le cliché est produit sur papier-calque, on agira de même. On obtiendra un négatif parfois éloquent : **il n'est pas rare qu'un esprit soit visible, bien défini sur le calque ou la pellicule**. Sinon, il faut persévérer !

Archaïsme et modernité

Ce procédé, simple et peu coûteux, nous paraît bien archaïque. **Néanmoins, il produit d'excellents résultats.** Ne nous laissons pas trop impressionner par les technologies actuelles : il arrive trop souvent que le matériel soit un obstacle. Parfois c'est à cause de son prix. À d'autres moments c'est parce qu'il est difficile de s'en servir. Le bon vieux sténopé est alors le meilleur recours !

PSYCHOPHONE

Ondes

Nous avons vu que **les esprits peuvent se manifester avec n'importe quel appareil émettant et/ou recevant des ondes électromagnétiques**. Ce genre de canal leur est pratique tandis que le récipiendaire, médium ou non, dépense beaucoup moins d'énergie mentale et spirituelle que lorsqu'il « **entend des voix** », par exemple, sans support particulier.

Description du psychophone

C'est pourquoi l'ingénieur autrichien Franz Seidl inventa le psychophone, **appareil construit pour capter et enregistrer les voix des esprits**. Il fallut deux ans pour mettre au point ce dispositif qui atteignit sa forme quasi définitive en 1974. Depuis, il n'a subi que des modifications et perfectionnements de détail. **Le psychophone associe trois éléments principaux :**

1. Il utilise la réception radiophonique en bande large. Ainsi de nombreuses fréquences sont accessibles simultanément : ondes courtes, moyennes et longues, ce qui va augmenter les

chances de contacter les esprits à vibrations diverses ou changeantes autant que ceux qui ne se manifestent que sur une seule fréquence. De plus, cela favorise l'émergence d'un bruit de fond propice à la manifestation des esprits. Voire des parasites et de la « friture ».
2. Il émet lui-même des fréquences : l'auto émission, au moyen d'un oscillateur à hautes fréquences qui permet une meilleure réception par « accordage », tout en créant une énergie complémentaire facilement modulable.
3. La prise de son est microphonique, classique.

Trois types de voix

Cette combinaison permet la captation, l'enregistrement, le décodage de trois types de voix principaux :

1. **Les voix microphoniques**, faibles et qui demandent une amplification sans distorsion.
2. **Les voix distordues** avec effets divers (larsen, etc.) au niveau plus élevé mais qui demandent un traitement précis : recherche de vitesse de déroulement idoine, inversion du sens de l'émission etc.
3. **Les voix sonores**, éclatantes voire tonitruantes, dites auto-émettrices.

Décoder, filtrer, interpréter

Le magnétophone, à vitesse réglable et dont on peut inverser le sens de déroulement capte tous les signaux émis à la fois. Il ne reste plus qu'à décoder ou à filtrer. Voire à interpréter selon des critères précis.

Cohérence et stabilité

L'appareil, ou plutôt la combinaison d'appareils, offre un dispositif stable, cohérent, utilisé, parfois avec certaines modifications, par un grand nombre de laboratoires consacrés à la transcommunication.

Psychotropes : Alcool, stupéfiants

L'échec de la grâce

La drogue a souvent été utilisée pour « **sortir de soi** » ou « **dialoguer avec les ombres** ». L'alcool, chez les Celtes, servait à « se rapprocher des dieux ». Du haschisch qui rend haineux, au peyotl « qui fait les yeux émerveillés », de l'hydromel aux eaux-de-vie sacrées, tout a été essayé pour pallier le manque d'intériorité « ouverte ». Les chamans, les pythies, bref tous ceux qui faisaient profession de communiquer avec l'au-delà se sont souvent frottés à l'échec de leur grâce.

Délire

On parvient, bien évidemment, à un bon état de réceptivité à l'aide de substances psychotropes. L'ennui, c'est qu'on ne le sait pas forcément. Et qu'il arrive que ce que l'on pense être un contact avec un esprit ne soit qu'un vulgaire délire d'ivrogne. Le mysticisme a bon dos.

Le poète, le sage, le philosophe, le saint

La prise de drogue collective a toujours servi à dominer une caste, une race, un peuple. Les empereurs amérindiens régnaient ainsi. **Le seul être que les pouvoirs féroces peuvent craindre, c'est l'homme lucide, le poète, le sage, le philosophe, le saint… Et le spirite éclairé !**

Sortir de soi

L'extase a ses techniques que l'on peut apprendre. La réceptivité médiumnique se perfectionne. Mais en soi, dans l'être même, et non pas grâce à des substances qui éloignent de la profondeur réelle d'une personne. Car toute drogue dépersonnalise, et c'est elle qui parle, et non celui qui l'a absorbée. Sortir de soi demande d'abord d'« être en soi », de s'y trouver, de s'en évader, en même temps.

Esprits de rang inférieur

Le spiritisme demande une certaine rigueur morale. Une bienveillance, une ouverture au monde. **Les stupéfiants ne vont guère dans ce sens.** De toute façon, ils n'attirent généralement que les esprits de rang inférieur, ceux que la haine dirige comme une drogue dure.

Radio (T.S.F.)

La T.S.F.

Les esprits aiment décidément les nouveaux moyens de communication. À moins que les charges magnétiques, électriques des appareils modernes leur permettent un meilleur accordage avec leurs ondes venues de l'au-delà. Quoi qu'il en soit, dès l'apparition de la T.S.F., **les postes de radios servirent d'intermédiaires entre les vivants et les morts**.

Fréquences

A priori, **les esprits peuvent se manifester sur n'importe quelle fréquence radiophonique**. Nous avons cependant vu que les fréquences avoisinant les 5 kHz, seraient les plus favorables. Toutefois, pour excellent que soit l'appareil d'Hans Otto König, d'autres gammes de fréquences peuvent faire l'affaire. C'est, en tout cas, l'opinion de certains esprits qui ne se privèrent pas de mêler leurs voix aux beuglements d'émissions tonitruantes sur les Grandes Ondes ! Leurs voix, ou un silence.

Floride

Ce qui advint le 11 février 1964 sur NCBZ, station de radio alors active en Floride. Ce jour-là, les émissions cessèrent d'un seul coup. Dans les studios, personne ne s'en aperçut : les animateurs continuèrent leur programme. Les auditeurs qui eurent la patience de ne pas toucher aux boutons de leurs postes purent entendre une étrange rumeur, un sifflement devenant de plus en plus grave. Quelque chose de lancinant. Puis, tandis que ce bruit continuait, les émissions reprirent en sourdine. **C'est alors qu'une voix métallique s'éleva**, donnant des conseils pour éviter les dangers d'un ouragan (*hurricane*) non encore annoncé par les services météorologiques. Le sifflement, comme les émissions servaient de « bruit de fond » favorisant la communication médiumnique.

Radios libres

Plus récemment, durant les années 78-80, l'essor des « radios libres », c'est-à-dire clandestines fit florès. On émettait, avec un matériel de fortune depuis les toits, voire depuis des camionnettes fort repérables puisque munies d'une antenne gigantesque.

6e Continent

À Paris, 6e Continent, radio libre dirigée par Claude Maidenberg, émettait d'abord dans le 11e arrondissement. À la suite d'une descente de police durant laquelle on sauva le matériel d'une façon rocambolesque : poursuite sur les toits, fuite éperdue dans les rues, etc., la station de radio fut réinstallée dans le 8e arrondissement, non loin du siège social de deux autres stations de radio, légales et fort connues.

Transferts

Bientôt, 6e Continent se mit à émettre une émission provenant de l'une de ces stations. Jusque-là, on pourrait se dire qu'il s'agissait d'un phénomène peut surprenant : l'antenne aurait capté l'émission d'une autre fréquence, etc, seulement, l'autre radio diffusait le programme enregistré prévu à cette heure par 6e Continent. Le plus étonnant fut que, renseignement pris, ce que 6e Continent avait diffusé n'était pas le programme de ce jour, prévu par l'autre radio. Mais bel et bien celui qui avait été émis le jour de la création de 6e Continent quelques mois auparavant !

Une voix aiguë

Ensuite, par-dessus ce bruit de fond, on entendit une voix aiguë prévenir les animateurs de la radio libre : une nouvelle descente de police allait avoir lieu. Ainsi prévenus, les animateurs purent déménager leur matériel. La descente eut effectivement lieu.

« Friture »

De fait, les sifflements, **la « friture » des appareils radiophoniques constituent un excellent bruit de fond pour les manifestations spontanées des esprits**. Pour les évoquer, les appeler, on utilisera la même procédure que pour la pneumatophonie (voir ce mot), en laissant le récepteur radio réglé entre deux fréquences, émettant une friture ou des bruits discordants

Choix du matériel

La qualité des tuners et autres récepteurs modernes les rend souvent impropres à ces communications. En effet, il faut un bruit de fond, des parasites, de la « friture » pour que les esprits se sentent à leur aise. Et le matériel moderne a presque aboli ces bruits. **Toute personne voulant pratiquer la radio-spirite devrait se trouver un vieux poste** à transistors ou à lampes, de qualité médiocre ! On se les procure en fouillant les greniers ou en visitant les brocantes.

RÉPONDEURS TÉLÉPHONIQUES

Fréquences

Encore une fois, les appareils électriques ou électroniques attirent facilement les esprits. Ceci est dû **aux diverses fréquences électromagnétiques que ces appareils émettent et reçoivent**. Ce n'est parfois pas très rassurant.

Une voix sardonique

Un soir de septembre 1991, Bryan Lynn un habitant de Manchester rentra chez lui après une journée de travail. La journée de ce businessman avait été bonne, voire fructueuse. Comme chaque soir, il écouta les messages enregistrés de son répondeur téléphonique. Il n'entendit d'abord que des choses banales. Quand, soudain, **une voix sardonique, grinçante, glaçante, s'éleva avec une puissance inattendue**. Le message avait été enregistré à 14 h. 42.

Blasting

Bryan Lynn se sentit fortement choqué, quasiment K.O. La voix, par sa puissance, sa tonalité l'avait secoué au plus profond de son corps. Il sentit ses muscles abdominaux durs comme du bois comme un effet de *blasting* après l'explosion d'une bombe. Atteint de nausées, Bryan Lynn s'étendit sur son canapé et demeura prostré durant de longues minutes.

I hate you !

N'ayant pas compris la teneur du message, **il confia la bande magnétique à un spécialiste du paranormal**. Après de multiples essais, à différentes vitesses de déroulement, il fut possible de distinguer une voix marquée par la haine s'écrier : *I hate you* (je vous hais).

Autres messages

Bryan Lynn, en temps qu'homme d'affaires, avait forcément des ennemis, des concurrents féroces. Il eut beau chercher, rien ne correspondait à une telle voix. C'est alors qu'il apprit que d'autres hommes d'affaires, bourgeois aisés de la ville avaient reçu des messages semblables sur leurs répondeurs. Différentes voix, toutes aussi terrifiantes avaient ainsi crié leur détestation envers les riches, avec plus ou moins de commentaires. Pourquoi ?

Manchester, sur l'Irwell

La réponse tient à la fois de la géographie et de l'histoire. Manchester est située sur l'Irwell, affluent du fleuve Mersey. Ce cours d'eau, légendaire depuis le Moyen Âge, serait fait de larmes. Plus prosaïquement, son orientation en fait le vecteur idéal, le support parfait pour le souffle, **l'énergie des esprits**. Manchester est une ville de sorciers, de magiciens depuis sa fondation.

La cathédrale

La partie la plus ancienne de la cathédrale de Manchester (XVe s.) est le théâtre de nombreuses légendes et l'on y trouve, pour qui sait les déchiffrer, d'étranges graffitis à teneur nettement ésotérique. Cette église est, de plus, connue pour son rayonnement magnétique et spirituel intense.

Un tourbillon d'ondes contradictoires

L'industrialisation, au XIXe s. a transformé la ville, comme c'est le cas de beaucoup d'autres à l'entour. Il est connu que le travail du fer, de l'acier, de l'industrie chimique perturbe nettement le magnétisme naturel d'un lieu. Que dire, si, en plus, il est sujet à un magnétisme spirituel intense ? Bref, à Manchester, **un tourbillon d'ondes contradictoires rayonne dans tous les sens** et influe sur l'humeur des habitants. Comme d'ailleurs sur le climat, que l'on sait légèrement différent de celui du reste de la région.

Luttes sociales

Manchester fut, durant le XIXe siècle et le XXe siècle, le théâtre de luttes sociales fort âpres. Les ouvriers en grève furent violemment réprimés à plusieurs reprises. Il y eut des morts et beaucoup de blessés, tant du côté des grévistes que de celui des forces de l'ordre. Au matérialisme hideux du patronat répondait le matérialisme politique, militant, violent des travailleurs en lutte. Tant de matérialisme dans un lieu jusqu'alors voué à la spiritualité, quand ce n'était pas à la superstition ! Il ne pouvait que s'y passer des phénomènes paranormaux.

Haines sociales

De fait, Manchester a connu de nombreux cas d'apparitions, d'esprits frappeurs, etc. Bryan Lynn, comme les autres notables de la ville, subissait le harcèlement spirituel des esprits d'ouvriers du temps jadis manifestant leur haine des patrons, ou plutôt de leurs descendants, car il y eut quelques personnes peu fortunées qui furent l'objet de tels tourments. Ils descendaient tous, en ligne directe, de patrons, de chefs d'industrie. Au fil du temps, les faillites et les revers de fortune avaient ruiné leurs familles. Mais le temps n'existe pas pour les esprits.

Le répondeur, outil spirite

Ces cas ne doivent pas nous mener à refuser toute communication avec les esprits par le biais du répondeur téléphonique. Ce peut être un moyen de susciter leur manifestation. On opérera comme avec un magnétophone en précisant une heure (voir ci-dessus).

SPIRICOM

Diverses fréquences

Le spiricom (pour *SPIRItsual COMmunication*) est un appareil émettant une fréquence porteuse en continu. Autour de cette fréquence, d'autres fréquences, plus petites sont émises à tour de rôle ou simultanément. Le bruit de fond est alors propice : il peut être utilisé par un esprit avec la collaboration d'un manipulateur.

« Preuve incontestable » ?

George Meek, ingénieur américain a travaillé durant de longues années avant de présenter, en avril 1982, son invention au National Press Club de Washington D.C. Avec orgueil, il déclara que ce dispositif démontrait l'immortalité :

« Pour la première fois dans l'histoire des hommes, une preuve incontestable est là : la mort n'est qu'une porte vers la vie éternelle. »

Déclara-t-il pompeusement.

George Meek

La personnalité de George Meek, volontiers hâbleur, sa richesse tapageuse, ont longtemps nui à sa crédibilité. L'aspect solennel de ses discours n'arrangeait rien. Il a fallu longtemps pour qu'on le prenne au sérieux et que l'on comprenne que, sous une apparence irritante, voire exaspérante, se cachait un véritable chercheur, un écorché vif, hypersensible et généreux.

Mise au point depuis l'au-delà

Meek communiquait avec George Mueller, un de ses amis mort une bonne vingtaine d'années avant la présentation du spiricom. Cet ingénieur électronicien aurait participé à la mise au point de l'appareil. Ce fut un long travail, d'abord de conception et de réflexion. Ensuite, la construction, en elle-même demanda moins de temps. Meek exigea de nombreux contrôles et vérifications avant de présenter cette invention née de la collaboration passionnée de morts et de vivants.

Soupçons

Le manipulateur du spiricom, Bill O'Neil, a été soupçonné d'influencer la communication. Ce fut le début d'une âpre controverse. Puis, grâce à de nombreux contrôles indépendants, l'efficacité du spiricom a été démontrée : elle ne dépend pas du manipulateur, mais, comme toujours de la qualité humaine de ceux qui veulent communiquer par ce moyen avec l'au-delà.

Caducité du spiricom

Depuis 1982, l'eau a coulé sous les ponts et de nouvelles inventions et techniques ont dépassé la précision du spiricom, désormais caduc. Il n'en est pas moins vrai que cet appareil constitue une étape importante dans l'appareillage communicatif spirite.

TÉLÉPHONE

Manifestations spontanées
En même temps que le phonographe et que le gramophone, le téléphone fut l'un des moyens privilégiés de communication avec les esprits. On a d'abord daté le premier appel de l'au-delà des années trente, au Brésil. Il semblerait, désormais que ces communications aient déjà eu lieu, en différents endroits, dès la fin du XIXe s. Quoi qu'il en soit, **les appels téléphoniques de l'au-delà sont fréquents**. Il s'agit de manifestations spontanées.

Ida Lupino

La star américaine Ida Lupino reçut, d'après la chronique, un appel de son père six mois après le décès de ce dernier. Il se manifestait à propos de titres de famille égarés durant un bombardement. Ida Lupino retrouva ces titres à l'endroit indiqué par la voix de son père.

Mystifications

Un « coup de fil de l'au-delà » demeure sujet à caution. Le téléphone est un excellent moyen de faire des blagues de mauvais goût, de mystifier. Rien n'est plus facile que d'impressionner des gens sensibles ou vulnérables en prenant une voix sépulcrale et en parlant par énigme, ou en prédisant des malheurs épouvantables.

Un bruit « blanc »

Aussi, les chercheurs en transcommunication collaborent avec les différentes compagnies téléphoniques. Un mauvais plaisant est vite repéré. En revanche, lorsqu'il y a vraiment eu communication avec un esprit, une conversation dûment enregistrée, dont on connaît l'heure, **les compagnies téléphoniques n'en conservent aucune trace,** sinon, parfois, un étrange bruit « blanc » qui ne saurait avoir été émis par un appareil connu sur terre…

Cabines téléphoniques privilégiées

Il existe, par le monde, de nombreuses « **cabines téléphoniques à esprits** ». À La Louvière en Belgique à Dunbar en Écosser à Innsbruck en Autriche à Gniezno en Pologne, etc. Mais l'Amérique latine semble être le continent où l'on en compte le plus. En France, il y en a au moins trois. L'une d'entre elles, par exemple, se trouve à Cousolre dans le Nord. Une autre à Riec-sur-Belon, dans le Finistère.

Jean-Baptiste-Onésime Dutrou-Bornier

Une troisième sur la grand-place de Montmorillon dans la Vienne. Cette dernière, comme la plupart des autres, est méconnue du plus grand nombre des habitants de la ville. Pourtant, beaucoup ont entendu la sonnerie résonner, spécialement le soir, « entre chien et loup », voire au cœur de la nuit. Peu ont osé décrocher. Parmi ces derniers, M. Frédéric C. a reconnu l'esprit de Jean-Baptiste-Onésime Dutrou-Bornier. France. Il s'en fit même proclamer le souverain. Tous les 19 novembre, jour de sa naissance, il réclame, par téléphone que l'île de Pâques soit rattachée à la France. Il appelle aussi à d'autres dates qui correspondent à divers événements de sa vie aventureuse.

Au Chili

Renseignements pris, non content d'utiliser une cabine téléphonique de sa ville natale, Dutrou-Bornier, on ne sait pourquoi, se manifeste aussi dans une cabine téléphonique de Talcahuano, au Chili, pays auquel appartient l'île de Pâques ! Ce cas, loin d'être isolé, montre que **les esprits ne savent pas toujours à qui s'adresser, à quelle personne ou à quel organisme pour demander justice ou réparation d'un tort**.

Évocation

Peut-on évoquer un esprit par téléphone ? La plupart de ceux qui ont essayé semblent ne pas y être parvenus. Les méthodes d'appel sont on ne peut plus simples : **certains composent la date de**

naissance ou de décès du défunt. D'autres préfèrent son numéro de sécurité sociale. Mais rien de tout cela ne semble probant… Quant à faire tourner une table en laissant le combiné décroché…

Rumeurs

Bien des rumeurs courent à propos des esprits qui téléphonent. Il faut en prendre et en laisser. On a même prétendu qu'un jour, un esprit a téléphoné en P.C.V. ! Décidément, le téléphone excite les imaginations débordantes ! Il existe bien d'autres moyens d'invoquer les esprits. Pour ce qui est du téléphone, il semble raisonnable de leur laisser l'initiative.

TYCHOCOPE

Puissance mentale

Le tychocope, inventé par M. Janin, n'est pas, à proprement parler, un appareil de communication avec l'au-delà. Cependant, **la démarche qui a présidé à sa construction fait appel à la puissance mentale à des fins de télékinèse**. Il peut donc constituer un moyen d'apprentissage de la concentration détendue nécessaire au spirite et plus particulièrement au médium qui veut s'améliorer.

Angles aléatoires

Le tychocope est né des calculatrices électroniques programmées pour produire des nombres au hasard. Seulement, au lieu d'afficher des séries de chiffres, le tychocope effectue des déplacements « randomisés » absolument imprévisibles : Il s'agit d'une machine. D'un robot :

C'est un petit véhicule autopropulsé qui se déplace au hasard, selon une ligne brisée dont des longueurs aléatoires qui font entre elles des angles aléatoires…

Traces

Ce robot est télécommandé par un ordinateur au moyen d'ondes radio. Il laisse une trace sur le sol, ce qui permet de voir et d'analyser ses déplacements. Lorsqu'on le laisse seul, aucune perturbation des mouvements n'apparaît. Il va laisser sa trace un peu partout dans la pièce, sans ordre apparent, sans logique constatable. Tout change lorsqu'une personne sommeille dans la pièce en question.

Déranger le dormeur

En effet :

... Lorsqu'une personne dort, il y a une grosse perturbation parce qu'il y a toute une partie du sol qui demeure non explorée par le robot. Il y a une concentration qui est extrêmement importante du trajet du robot dans certains coins. On s'est aperçu que c'était parce que le robot ne fait pas de bruit lorsqu'il exécute une rotation. Donc, le sujet dormeur faisait en sorte, inconsciemment, que le robot fasse le plus possible de rotation et le moins possible de déplacements en ligne droite. Quand il se déplace en ligne droite, à chaque fois il fait du bruit, et il dérange apparemment le dormeur.

Cette expérience montre la puissance de l'énergie mentale, spécialement en état de sommeil. C'est-à-dire dans un état proche de la détente maximale, avec ondes alpha (α), etc, ce qui est la condition de la médiumnité, en dehors de la transe.

Télékinésie animale

Cette possibilité de télékinésie n'est pas spécifique à l'être humain :

Ensuite, j'ai fait des expériences animales pour montrer qu'il n'y a pas que l'être humain capable d'influencer le robot (...) Lorsque de jeunes poussins ont adopté le robot comme étant leur mère, ils ont une très nette tendance à provoquer une perturbation des mouvements du robot. Le robot s'approche énormément de la cage où se trouvent (sic) les poussins. Ces expériences ont fait l'objet d'une thèse de doctorat (Péoc'h 1986).

Cette énergie, enfin démontrée peut être cultivée par le spirite. Elle permettra un meilleur « accordage » avec les esprits. Il est trop tôt pour donner le résultat d'expériences en cours qui vont dans ce sens. Mais elles sont toutes probantes.

L'avenir du spiritisme

Le spiritisme n'est pas figé. Il évolue avec le temps. Si la tradition demeure importante, comme la fidélité à ses précurseurs, il n'en est pas moins vrai que nous devons aller de l'avant. De ce fait, tout ce qui peut concerner les ondes mentales, la puissance de l'esprit humain, l'intéresse au plus haut point. Il devient nécessaire, pour le spirite, de se tenir au courant de tout ce qui concerne ce qu'on appelle le « paranormal ». S'intéresser au tychocope, par exemple, ne peut conduire qu'à un affinement des sens, de la disponibilité, de la fonction d'accueil du médium. Mais aussi de tout spirite consciencieux. Cette démarche d'ouverture, de curiosité féconde est la condition de l'évolution de la démarche spirite qui ne saurait, en aucun cas, stagner ou s'endormir sur ses lauriers.

ULTRA-VIOLETS

Equilibre, tempérance, mouvement

Rouge et bleu : la couleur violette associe le bleu céleste à des flammes et braises de l'enfer. **C'est aussi la couleur de la tempérance**, la lame XIIII du tarot, qui représente l'équilibre ou la complémentarité ! Quel serait cet équilibre sans un continuel mouvement ? Une bicyclette qui s'arrête tombe. D'un côté ou de l'autre ; soit à droite, soit à gauche. L'équilibre n'est pas un juste milieu. Celui de la couleur violette exprime parfaitement la dualité intense des esprits : ils sont au-delà, leur âme se préoccupe néanmoins de l'en-deça, de communication avec les hommes vivants. Désincarnés, ils s'adressent à ceux qui sont encore faits de chair et de sang.

Vibration riche

Le violet, à la limite du spectre chromatique se renforce en ultra-violet, invisible pour nous. Éclatant pour les esprits. **Sa vibration riche et reposante, faite de plénitude, les attire.** En le renforçant encore, il devient « lumière noire », faisant briller ce qu'on ne distingue pas toujours sans sa puissance extraordinaire.

Ultra-violet

Située entre le violet, à vibration plus ample, et les rayons X, **l'ultra-violet est un rayonnement renforçateur**. Non seulement des couleurs mais aussi de la matière : on exposait naguère les enfants rachitiques à des lampes à ultra-violets. Les résultats étaient probants : cette lumière fortifie les os, les phanères, tout en hâlant bénéfiquement l'épiderme. Il favorise l'absorption du calcium, du phosphore et, donc, combat l'avitaminose D. Mais il faut porter des lunettes spéciales car la vue risque d'en pâtir : l'ultra-violet se dirige toujours vers l'invisible. Il existe maintenant des traitements plus rapides du rachitisme, mais l'ultra-violet est encore utilisé.

« Lumière noire »

Violet, ultra-violet et « lumière noire » s'opposent au vert de l'espérance : pour les esprits, tout est accompli, ou presque. Il n'y a plus de devenir terrestre. Lueur extrême et invisible, **l'ultra-violet nous permet de distinguer les linéaments des mondes cachés**. C'est le symbole du passage, de la mort préfigurant la renaissance…

Danger pour la vue

Pour ces raisons, et d'autres, plus ésotériques, certaines séances de spiritisme, qu'elles se servent d'un guéridon, d'un verre à pied ou du Oui-ja, se déroulent dans la « lumière noire » ou dans un rayonnement produit par une lampe à ultra-violets. **Les participants portent des lunettes spéciales**, car ce rayonnement est dangereux pour la vue.

Photographies

Le rayonnement ultra-violet est aussi utilisé pour certains types de photographies ectoplasmiques.

Préparation

Une exposition raisonnable aux rayons ultra-violets est bénéfique aux médiums. Pour « **recharger leurs batteries** », après des séances éprouvantes ou épuisantes. Ce peut être une bonne préparation à toute pratique spirite.

VIDÉO

Ondes

Depuis les tous débuts de la télévision, inventée par John Logie Baird en 1925, des spirites pensèrent qu'il s'agissait d'un bon moyen d'évocation. L'idée, en effet, était bonne : les photographies ectoplasmiques n'utilisent que le rayonnement lumineux. **La télévision, elle, met en jeu l'électromagnétisme, autant que la lumière.** Cet enrichissement peut correspondre aux « longueurs d'ondes » variables des corps éthérés, des êtres dématérialisés.

« Il se passe quelque chose »

Cette interaction demeure mystérieuse. Car, en effet, si l'on peut mesurer les radiations lumineuses ou électromagnétiques, qu'elles soient émises ou reçues, on ne voit pas très bien comment elles « s'accordent » aux diverses formes d'énergies mystérieuses produites par les esprits. La seule certitude qu'on peut avancer c'est « qu'il se passe quelque chose ». Et ceci, parce que tous ces phénomènes sont maintes fois attestés.

L'unique solution

Un être plongé dans les ténèbres de l'intermonde n'est pas forcément ingénieur physicien. Il ignore souvent la rationalité des radiations. Parfois, avide d'échapper au néant, **il navigue au moyen des rayons et des ondes**. Ou encore, il entend, dans un silence extrême, l'appel d'un vivant, d'un groupe de spirites. **Le caractère supranormal de la communication qui peut alors s'établir défie l'entendement.** Néanmoins, pour l'esprit, elle doit exister. Sa pensée, sans support, telle un oiseau hors du nid, doit subvertir les aléas de la matière, puisqu'elle n'existe plus en lui. Il est une ombre sans objet. Un reflet, comme un miroir devant lequel il n'y aurait rien. D'un autre côté, la menace du vide extrême terrifie les vivants. La manifestation de type spirite devient donc l'unique solution.

Une réalité objectivement constatable

Durant des millénaires, elle eut besoin d'intermédiaires matériels. Enfin le téléphone, la photographie, etc. vinrent pour donner à la communication spirite une réalité objectivement constatable. La télévision offrit sa commodité. **On retrouve la trace d'apparitions sur des écrans depuis belle lurette.** Mais il ne s'agissait que d'images et de voix fugaces. **Le magnétoscope permit enfin de les conserver.**

Première réussite

Vers 1980, un chercheur d'Aix-la-Chapelle, **Klaus Schreiber réussit à capter des images de défunts sur une bande magnétique**. Un esprit l'avait auparavant prévenu par un appel téléphonique. Depuis, un coup de téléphone l'avertit à chaque fois. Les images obtenues par Schreiber, comme les voix et bruits qui les accompagnent sont fort convaincants : **il s'agit bien d'esprit, et non des moindres**.

La méthode Simonet

S'il peut arriver que des images impromptues apparaissent sur votre écran vidéo, le phénomène n'en est pas moins fort rare. La chercheuse Monique Simonet, après un long travail, nous donne **une méthode d'évocation méthodique et délibérée afin que les esprits apparaissent sur un écran** et qu'on puisse les enregistrer sur une cassette vidéo ou un DVD.

Mode d'emploi

Cette méthode ne tenait pas compte de l'opérateur. Or, il influe sur les instruments et appareils. Ne serait-ce que par son propre rayonnement. Même, il peut perturber le fonctionnement d'un téléviseur, d'une caméra ou d'un magnétoscope. **Il lui faut donc se préparer.** D'abord il fera le vide en lui selon l'une ou l'autre des méthodes données dans cet ouvrage. Ensuite, il suivra le processus décrit ci-dessous.

Voici le « mode d'emploi » de la vidéo spirite :

1. Préparez-vous mentalement. Si possible, prenez rendez-vous avec un esprit lors d'une séance spirite classique.
2. Réglez le téléviseur sur un canal vide.

3. Vérifiez la connexion avec le magnétoscope. N'hésitez pas à opérer de nombreux contrôles.
4. Prenez votre respiration. Retenez l'air dans les poumons durant une minute. Expirez brutalement. Ce qui doit vous « secouer » au niveau du ventre.
5. Placez la caméra en face de l'écran, ainsi, une partie de l'énergie rayonnante de sortie sera réinjectée à l'entrée : des oscillations imprévues se produiront spontanément. C'est l'effet Larsen (du nom du physicien qui l'a décrit le premier). Il se produira « en boucle » tant qu'on n'aura pas déplacé l'un des éléments.
6. Réglez le volume et la tonalité : le son Larsen et parfois difficilement supportable.
7. Reprenez votre respiration comme au n° 4. Mais cette fois, vous expirerez le plus longuement possible. Votre souffle est maintenant délivré, ce qui va vous rendre plus réceptif à tout stimulus paranormal.
8. Bientôt, on pourra voir **une image mouvante, avec des effets de spirales claires**. Filmez ces images durant trois minutes, pas plus. Pendant ce temps concentrez-vous. Essayez de « voir » mentalement le corps terrestre de l'esprit que vous invoquez. Le mieux est de commencer par une personne familière, parent ou ami.
9. Visionnez la bande. N'hésitez pas à la repasser en accéléré ou au ralenti. C'est alors que vous verrez et entendrez – ou non !- l'esprit évoqué. Attention, il se produit parfois des images trompeuses qui n'ont rien à voir avec les esprits ! Attendez de bien distinguer les formes et les sons.

Patience !

Bien évidemment, il faudra persévérer. Il est bien rare que la patience ne soit pas récompensée par le succès.

CHAPITRE VI

Le spiritisme au fil du temps

Ancienneté immémoriale

Le spiritisme, sous ses diverses formes, est fort ancien. Le chamanisme, les arts de la divination, l'occultisme lui sont proches. Les techniques de communication entre notre monde sensible sont ancestrales, immémoriales. On ne saurait les connaître toutes. Ni même en connaître le nombre : les variant locales, ethniques, géographiques, etc, sont innombrables. De plus certains climats ou altitudes demandent des procédures particulières constituant autant de variantes à un rituel donné, à une pratique aux multiples nuances.

Les guerres, les conquêtes, les invasions ont transporté ces usages d'un pays à l'autre. Les voyages internationaux permirent aux différents spiritismes de se confronter, de s'influencer les uns les autres, de s'affiner.

1 – Antiquité

Les traces de tentatives de communication avec les esprits sont innombrables. L'Odyssée, qui narre le lent retour d'Ulysse dans sa patrie, présente une procédure occulte à double effet. Car Ulysse, soucieux de continuer son voyage, aimerait savoir ce qui va lui arriver. Pour cela, **il invoque un personnage de l'au-delà**. Mais pas n'importe lequel : il s'agit de Tirésias, le devin, celui qui pourra lui répondre. Celui qui fut successivement homme et femme. Evidemment, il fait appel à la sorcière Circé pour connaître le rituel nécessaire. Elle le lui explique comme suit : il faut creuser une fosse d'une coudée de long et de large…

Sur le pourtour de la fosse, répands trois libations, afin de rendre grâce, d'honorer tous les esprits. La première libation sera une offrande de lait au miel. La deuxième sera d'excellent vin. La troisième sera de l'eau pure. Saupoudre le tout d'une farine blanche. Ensuite tu imploreras par d'ardentes prières les âmes vacillantes des morts. Tu leur promettras d'immoler, dès ton retour en Ithaque, une vache stérile, la plus belle de tes vaches. Tu rempliras le bûcher de précieuses offrandes. En outre, promets à Tirésias de lui sacrifier personnellement un bélier tout noir, le plus beau de ton troupeau. Ensuite tu adresseras des suppliques aux tribus des défunts illustres. Tu leur immoleras un agneau mâle et une brebis noire. Tu tourneras ton visage vers l'Erèbe. Ensuite, tu verras accourir, autour de la fosse, une foule d'âmes, celles de défunts que la mort a saisis. A ce moment, ordonne à tes compagnons d'égorger, à l'aide d'un tranchant de bronze impitoyable, des moutons qui seront brûlés… Etc.

Ce rituel la suite le montre, est dangereux. Le danger se renforce du fait qu'Ulysse demande aux esprits d'accomplir certaines tâches. Nous touchons là au domaine de la nécromancie.

2 – Bible

Dans la Bible, l'épisode de Saül et de la magicienne d'En Dor, dans le Livre de Samuel nous montre que l'évocation des esprits était fort répandue. De nombreux sites élevés portent des traces de cérémonies datant d'au moins 6000 av. J.C. Des joueurs de harpes ou de trompettes gravissaient les collines pour s'approcher du ciel et appeler les défunts.

3 – Chamanisme

Loin du monde grec, le chamanisme millénaire connut de nombreuses variations en Europe comme en Asie. Le chaman, sorte d'intermédiaire. L'un des rituels d'évocation consistait, il y a 6000 ans, à gravir des collines ou des montagnes, afin de se rapprocher du ciel. Ensuite, on sonnait des trompes, trompettes et autres instruments pour attirer l'attention des esprits, tâchait de conserver l'harmonie comique, l'équilibre entre les forces naturelles et la tribu. Il connaît tous les esprits par leurs noms et a dû, au moment de son initiation, effectuer sa propre descente aux enfers.

4 – Spiritisme et sorcellerie

Condamné par diverses églises, le spiritisme fut souvent persécuté, assimilé à la sorcellerie, à des pratiques louches et malfaisantes. Il est vrai, et nous y reviendrons, que certains pratiquants se servirent de lui à des fins inquiétantes ou perverses. Ce qui demeure fort dangereux : **les esprits, pour la plupart, détestent qu'on les dérange à des fins peu honorables**. Il existe, heureusement, fort peu d'esprits tournés vers le mal. Ils n'en sont que plus dangereux.

5 – Résistances. Le Spiritisme au Moyen Âge

Pour ces raisons, le spiritisme dut résister clandestinement. On en trouve peu de traces probantes au Moyen Âge. En effet, les procès de sorcellerie, les bûchers, etc. témoignent plus de la cruauté des juges que de la « culpabilité » des accusés. Néanmoins, certains ouvrages expriment, parfois à demi-mots, ou sous une forme cryptée, la vocation spirite et l'art de communiquer avec les esprits. Pour le reste, toute forme d'occultisme était assimilée à la sorcellerie ou à l'hérésie.

6 – L'éveil de la Renaissance européenne

La Renaissance fut aussi celle de cet art. Les guerres de religions troublèrent les consciences autant qu'elles furent meurtrières. Les massacres, les tortures, la cruauté généralisée inclinèrent les esprits inquiets, assoiffés d'amour, avides de comprendre le pourquoi d'une situation aussi désastreuse se tournèrent vers l'au-delà, soit pour retrouver un être cher, soit pour demander à un défunt connu pour sa sagesse et sa science qu'il répande consolation, sollicitude, science et compréhension.

7 – L'apport extra-européen

La conquête du Nouveau Monde, tout aussi sanglante, mit en contact les traditions magiques et occultistes indiennes avec le spiritisme espagnol, hérité des traditions judéo-arabes, celtes et gréco-latines. De retour en Europe, les conquistadores importèrent donc de nouvelles pratiques, souvent proches de celles que l'on pratiquait déjà couramment. Mais en les modifiant, en les peaufinant, en les perfectionnant. Ou, parfois, par le renouvellement de pratiques désastreuses, sordides ou cruelles telles que la nécromancie après assassinat ou l'invocation au moyen de la « tête parlante » provenant d'un cadavre. Ce fut l'un des moyens de communication avec l'autre monde les plus répandus.

8 – Têtes couronnées et malfaisantes

L'inquiétante, la cruelle, la dangereuse Catherine de Médicis l'appréciait particulièrement. Elle s'entoura de mages plus ou moins honnêtes et se livra à des manigances peu ragoûtantes. Elle se serait servie de têtes tranchées d'enfants pour entrer en contact avec l'au-delà (voir à Têtes parlantes). Charles IX, son fils, celui qui ordonna la Saint Barthélemy (laquelle peut aussi être considérée comme un monstrueux rituel) agit de la même façon. Léonora Galigaï, épouse cruelle du ténébreux Maréchal d'Ancre, Concino Concini, pratiqua le spiritisme, entre autres pratiques occultes à des fins que l'on peut qualifier d'inavouables. **Ce genre de personnages nuisit fortement à l'image du spiritisme.** Autant que de nombreux charlatans, moins néfastes, certes, mais peu recommandables.

9 – L'époque classique

À l'époque classique la sévérité de la religion continua d'opprimer le spiritisme. Pendant ce temps, les grands de ce monde, nobles et bourgeois nantis continuaient d'invoquer les esprits dans des buts divers. Ils furent peu inquiétés par la justice, malgré quelques procès spectaculaires aux sentences épouvantables.

10 – Spiritisme populaire, rural et urbain

En revanche, le spiritisme populaire, largement sous-estimé et pourtant fort répandu fut persécuté systématiquement. L'une de ses tendances liée aux mouvements compagnonniques, il organisa sa clandestinité d'une façon efficace et certaines cayennes possèdent des objets symboliques ne laissant aucun doute à ce sujet. Le spiritisme rural, moins connu a, lui aussi laissé des traces dans l'art populaire. Dans les villes, le phénomène se montre plus complexe, touchant à la fois le monde profane et celui de la religion, mêlant ouvriers, bourgeois et aristocrates en des associations curieuses aux nombreuses ramifications.

11 – « Gens du voyage »

Il serait trop long d'explorer ici la complexité du monde de « gens du voyage », Tziganes, Manouches, Roms dont les traditions spirites se manifestèrent çà et là, durant cette époque.

12 – Influences croisées et synthèse : Le spiritisme au « Siècle des Lumières »

Ces mouvements, ces tendances se côtoyèrent, s'influencèrent. si bien qu'au XVIIIe siècle les bases du spiritisme moderne commencèrent à voir le jour sous la forme d'une synthèse de pratiques diverses. Contrairement à ce que l'on pourrait croire, les « Lumières », la « Raison » ne nuisirent pas au spiritisme. Bien au contraire. Et l'on serait surpris en découvrant combien de philosophes considérés comme « rationalistes » ou athées s'y adonnèrent. Leur influence fut bénéfique.

13 – Clarté, raison, précision

En effet, leur volonté de clarté, de précision les mena à créer des méthodes efficaces, conciliant foi et raison. Ceci en débarrassant le spiritisme de tout un fatras de manigances obscures, folkloriques et inefficaces. Ce spiritisme moderne fut très pratiqué au sein de sociétés secrètes telles que la Franc-maçonnerie, en Angleterre, en France, en Écosse, en Amérique, etc.

14 – Influences exotiques

Quoique différent, les modalités espagnoles et sud-américaines subirent, elles aussi, cette influence. Parallèlement, les traditions arabes, berbères, juives et tziganes suivent leurs cours comme c'était le cas depuis des siècles, voire des millénaires.

15 – Adieu aux superstitions et aux rituels inutiles

Cette purification du spiritisme le débarrassa d'une certaine aura « diabolique », de superstitions parfois grotesques, des cérémonies ridicules que regrettent parfois certains nostalgiques des réunions pompeuses aux rituels aussi complexes qu'inutiles. On devra considérer qu'en ce domaine, comme dans bien d'autres, **la simplicité, l'humilité, la clarté sont autant de gages de réussite…**

16 – Le « spiritisme de salon »

On pourrait croire qu'en parlant de « spiritisme de salon », nous pratiquons l'ironie. Ce n'est pas le cas, bien au contraire. Les salons de certaines femmes nobles et belles du

XVIIIe siècle furent les pépinières de la connaissance. On sait combien ils furent utiles pour la découverte de l'électricité, autant que pour la pensée philosophique. Les « abbés de cour » du folklore, comme les philosophes échevelés, les prestigieux mathématiciens, les savants novateurs se rencontrèrent ainsi dans ces salons où l'esprit roulait son flot. Une saine curiosité faisait que tous s'intéressaient à tout, géographes comme algébristes, philologues comme historiens. De plus, beaucoup d'esprits de ce temps étaient à la fois littéraires et scientifiques, ne connaissant pas encore ces catégories désastreuses qui nous limitent. **La soif de savoir, le désir de connaître, amène tout naturellement, et à juste titre, ces personnes aux mentalités élevées vers le spiritisme.** Certes, il arriva souvent que leur but fût plus expérimental que spirituel. Néanmoins, la pureté de leur intention demeure patente. C'est pourquoi leurs tentatives furent souvent couronnées de succès.

17 – L'« Âge d'or » du spiritisme

Le XIXe siècle peut être considéré comme « l'âge d'or » du spiritisme. Il semble qu'un long cheminement millénaire y ait trouvé une sorte d'achèvement. Même si nous savons qu'en cette matière et en général, tout est provisoire : l'Histoire ne s'arrête pas. Du moins, nous sommes fort malhabiles à en concevoir la fin. Pourtant, certains esprits invoqués, grands hommes pétris de sagesse autant que de connaissance tentent de nous en faire ressentir les circonstances. C'est là l'une des préoccupations de nombreux pratiquants. Néanmoins, l'époque de l'industrialisation, de la machine à vapeur, puis électrique, des grands travaux, connut un essor des pratiques occultes marquant une étape dans leur histoire.

18 – Les sœurs Fox

Tout commença avec les sœurs Fox, à Hyderville, près de Rochester, dans l'état de New York, aux États-Unis. Au mois de décembre 1847 James Fox, un fermier pétri de la foi méthodiste, emménagea dans une maison de bois, avec sa famille. Il savait que **le précédent propriétaire avait été perturbé par des bruits étranges, des coups frappés**. Ces désagréments continuèrent après l'installation de la famille Fox. Les deux filles, Margaretta et Kate, âgées de quinze et onze ans furent effrayées par le « fantôme » qu'elles nommèrent M. Pied-Fendu. Malgré cet effroi, Kate s'adressa au « fantôme ». Le vendredi 31 mars 1848, elle claqua les doigts en disant : « M. Pied-fendu, faites comme moi ! ». Elle fut très surprise d'entendre un écho lui répondre.

Stupéfaite, Madame Fox voulut vérifier. Elle claqua des mains, en demandant à l'esprit de l'imiter. Et l'esprit répondit. Pour vérifier qu'il s'agissait d'un esprit, elle lui demanda de lui dire l'âge de ses enfants. L'esprit frappa le nombre exact pour chaque enfant, y compris pour un enfant défunt, indiquant l'âge de sa disparition.

Les expériences continuèrent. Le contact avec l'esprit se resserra. On apprit à le connaître. Il s'agissait d'un colporteur assassiné par un ancien habitant des lieux. Les Fox, qui ne pouvaient pas connaître cette histoire, la racontèrent en donnant le nom exact de la victime : Charles B. Rosma.

On n'a jamais retrouvé cette victime et l'assassin présumé, M. Bell fut vite innocenté. De plus, l'esprit frappeur commença à se manifester un 31 mars…

Kate et Margaretta rencontrèrent des esprits frappeurs à tout bout de champ, au fils de leurs déménagements. Leur sœur aînée, Leah, se mit de la partie : elle se déclara spirite et exploita commercialement ses « dons ».

Plus tard, Margaretta et Kate, devinrent des épaves. Margaretta, profondément alcoolique, déclara qu'il s'agissait d'une supercherie. Elle reçut, pour cela, 1 500 $. Cependant, en 1904, on découvrit, après l'effondrement d'une cloison, le squelette d'un homme emmuré avec une mallette de colporteur.

Ce fut le début du *spiritualism*, mot, dont nous avons fait

« spiritisme ». Il faut bien imaginer ce qu'était l'Amérique de ce temps. Après les grandes périodes d'oppositions religieuses, les combats entre quakers et autres sectes protestantes, le continent vivait une effervescence : la Ruée Vers l'Or ou *Golden Rush*. L'esprit religieux, si profond aux États-Unis, se trouvait battu en brèche par l'arrivée des *forty niners*, parmi lesquels des individus peu recommandables, aventuriers cupides, voyous, bandits et prostituées, agioteurs, escrocs et charlatans. Les honnêtes gens, les personnes pétries d'amour et de tendresse étaient désorientés. Particulièrement les adolescentes qui, à l'âge des grands rêves, du désir d'absolu, se trouvaient profondément meurtries par la vulgarité ambiante, le crime, le stupre, la violence de leur temps. C'est sans doute pour cela qu'un esprit frappeur se manifesta à ses jeunes filles choquées.

19 – Arts, lettres, science, églises

Ce nouvel essor américain rejoignit la tradition européenne. L'aspect religieux du *spiritualism* inquiéta l'Eglise catholique. Pour ne pas perdre quelques fidèles, **Rome révisa ses positions et se montra plus tolérante envers le spiritisme**. Parallèlement, le monde scientifique se pencha sur les phénomènes paranormaux. Et l'on vit de grands personnages des arts, des sciences et des lettres pratiquer l'évocation. Citons, parmi eux Victor Hugo, Pierre et Marie Curie, l'astronome Camille Flammarion et, en Angleterre, Arthur Conan Doyle, père de Sherlock Holmes qui pratiquèrent le spiritisme pour le plus grand profit des fabricants de guéridons.

Pour la petite histoire, mentionnons cet aspect peu connu du spiritisme : son essor profita grandement à l'ébénisterie. À paris, les artisans du faubourg Saint Antoine, fabriquèrent un modèle qui, sans avoir été conçu pour cet usage, devint rapidement indispensable. Il s'agit, avec ses multiples variantes, du classique guéridon Napoléon III, marqueté ou peint façon ébénisterie Boulle. Le succès de ce meuble fut tel qu'on en fabriqua des imitations de toutes sortes, à prix accessibles, et même en papier mâché compressé. Des modèles similaires furent fabriqués par les ébénistes anglais, allemands et italiens, etc.

20 – Fixation des traditions

A cette époque, les traditions se fixèrent. Les méthodes furent encore rationalisées. Les procédures devinrent encore plus simples. En même temps, de nouvelles colonisations, particulièrement en Afrique et en Asie apportèrent de nouveaux courants, qui, à leur tour, fécondèrent les anciennes pratiques. Ce fut une sorte de Renaissance, rendue nécessaire par le matérialisme envahissant, parfois déshumanisant. L'être humain, perdant peu à peu ses racines et le contact avec la nature (ce fut le début de l'exode rural) ressentit, parfois avec angoisse, le besoin de renouer avec son passé en évoquant ses ancêtres, en retrouvant les « **voix chères qui se sont tues** ». en se ressourçant pour se sentir moins seul face à un monde inquiétant, ressenti comme hostile…

21 – Courants populaires

Un spiritisme populaire se répandit. Mais d'une façon moins spectaculaire que le spiritisme « élitiste », bourgeois et parfois « salonnard ». Pratiqué aussi bien par les riches parvenus que par les grands de ce monde, princes, princesses, rois et empereurs. En effet, Napoléon III comme la reine Victoria, Impératrice des Indes, en furent de fervents pratiquants.

Et c'est là que le bât blesse.

22 – Spiritisme à la mode

En effet, la « mode » du spiritisme fut l'occasion d'un charlatanisme de mauvais goût. Mais aussi d'un courant mondain tout à fait déplorable. Auprès de pratiquants sérieux, on put voir des personnes sujettes à l'ennui autant qu'à la curiosité, se livrer au spiritisme d'une façon légère et inconsidérée. Le spiritisme fut pour elles une sorte de jeu, un amusement, une manière de passer agréablement une soirée entre amis en savourant un frisson de fort mauvais aloi. C'est le sujet d'une chanson fort drôle des Frères Jacques, *Le Petit bout de la queue du chat*, dans laquelle ces baladins se moquent, à juste titre, de cette tendance risible.

23 – Doutes

Le plus étrange, à cette époque, n'est pas le doute, après tout compréhensible, mais une certaine volonté de nier l'évidence. Une anecdote illustre cette situation : Le romancier Gaston Leroux, créateur de Rouletabille, de Chéri Bibi, l'auteur du *Mystère de la chambre jaune* se méfiait du spiritisme

Surtout, surtout pas d'occultisme, pas de spiritisme. Mon mari avait été maintes fois sollicité par des sociétés spirites, jamais il ne voulut en faire partie.

Cependant, Gaston Leroux admettait l'existence du paranormal :

Il y a quelque chose... Il y a certainement quelque chose... mais QUOI ?... Nous n'avons ni le droit, ni la possibilité de le savoir... Nerval, Maupassant en sont morts fous... et combien d'autres ?

Combien d'autres, en effet ; voilà pourquoi nous avons tenu, au début de cet ouvrage à prévenir nos lecteurs des dangers du spiritisme mal compris. N'empêche que les dénégations du père de Chéri-Bibi montrent qu'il s'intéressait au spiritisme, ne serait-ce que pour s'en méfier. Dans certains de ses romans, on voit des spirites en action. Plusieurs témoignages racontent que Leroux aurait dit que, s'il en avait la possibilité, après sa mort, il ferait signe à ses familiers... Il tint parole ! Il vint se montrer à sa veuve et à l'une de ses amies, dans sa maison de Grasse embaumant le jasmin. Il déclara :

Surtout ne dis rien pour ne pas éveiller la petite. Nous nous étions promis que le premier qui partirait se manifesterait à l'autre. Tu vois, c'est ce que je fais, mais cela me demande beaucoup d'efforts.

Leroux apparut ainsi plusieurs fois. Mais le doute systématique semble plus fort que tout ! En effet, la femme de l'écrivain, une de ses amies qui avaient vu l'apparition prétendirent ensuite qu'il s'agissait d'une hallucination due au parfum du jasmin agissant comme une drogue ! Cette anecdote montre comment on peut réagir aux manifestations de l'au-delà d'une façon fort ambiguë. En refusant de croire jusqu'à ce que l'on puisse voir, constater, expérimenter ! Quant au jasmin, s'il peut effectivement donner des malaises, un vertige, il n'est pas hallucinogène. D'autre part, les habitants de cette maison, à Grasse, en avaient respiré le parfum depuis des années sans qu'aucun autre phénomène du même genre se soit produit !

24 – Allan Kardec

Le renouveau du spiritisme en France et même en Europe dut beaucoup à des personnalités exceptionnelles comme celle **d'Allan Kardec**. Né en 1804, il vécut une enfance ponctuée par l'épopée napoléonienne, puis la chute de l'Empire. Ces événements ne sont pas sans avoir influé sur le désir de communiquer avec l'au-delà. Les soldats de cette épopée mouraient en grand nombre, tandis que l'inquiétude politique et sociale grandissait… Kardec commença sa carrière spirite au cours du Second Empire, tandis que régnait un empereur, de quatre ans sons cadet, qui appréciait les séances d'évocation, les tables tournantes…
Kardec, Hyppolyte-Léon Denizart de son vrai nom, fut d'abord intéressé par les sciences. C'est la voix royale des spirites : la rigueur, l'exactitude mènent à un désir de grande clarté. Puis, petit à petit, entraînent vers la volonté d'une connaissance plus complète, plus fine du monde, de l'univers, des êtres et des choses.

M. Denizart ne se préoccupait absolument pas de spiritisme lorsqu'un ses amis le convie à une séance. Curieux, avide de savoir, Denizart y assiste, d'abord un peu sceptique. Puis il devient familier des tables tournantes. C'est ainsi qu'un esprit le contacta, lui révélant son ancien nom, celui qu'il portait dans une vie antérieure, lorsqu'il était druide : **Allan Kardec**.

Il avait cinquante ans. Suivant l'avis des esprits avec lesquels il entra en relation, Kardec se lança dans un travail acharné. Il veut aller au fond de la pensée spirite, comprendre, savoir, offrir la possibilité de faire connaître au plus grand nombre. Dès 1854, il tente de rassembler le savoir, de relier le spiritisme et la religion. Car, malgré l'opposition des églises officielles, Kardec a bien vu que le spiritisme peut devenir le prolongement du christianisme, l'un de ses aspects les plus consolants, les plus proches de l'affliction humaine, de l'angoisse devant la mort, du désespoir consécutif à la perte d'un être cher...

Kardec publie une série d'ouvrages exposant sa doctrine. En une bonne dizaine d'années, de 1857 à 1868, il explore, explicite, peaufine. Parallèlement, il fonde ***La Revue Spirite***, dans laquelle, à partir de transcription de séances spirites, il permet l'exploration de l'au-delà par tout un chacun. Ceci, avec un sens de la pédagogie remarquable : Kardec avait été enseignant. En effet, la teneur des messages venus de l'au-delà est exposée d'une façon thématique. Le tout s'articulant en questions et réponses disposées de telle façon que la lisibilité en est maximale et rédigées dans un style extrêmement clair.

Kardec mourut en 1869. **Sa sépulture, à Paris, au cimetière du Père-Lachaise est l'objet de pèlerinage de quasi-dévotion.** Le message de Kardec est toujours vivant tandis que, discrètement, beaucoup de spirites l'évoquent et maintiennent le contact avec son esprit.

25 – Premières institutions

Allan Kardec fonda la Société Parisienne d'Etudes Spirites. Avec l'Institut Métapsychique International, ce fut le premier centre d'études raisonnées des phénomènes paranormaux. Plus tard, la Society for Psychical Research de Myers suivit le mouvement. Puis, dans certaines universités, Comme le M. I.T. (*Massachussets Institute of Technology*) des départements spécifiques furent créés.

26 – Le spiritisme aux XXe siècle et XXIe siècle

Aujourd'hui, le spiritisme bénéficie à la fois de la force de la tradition et du lent travail d'épuration des siècles précédents. La connaissance plus aisée de cultures lointaines (Inde, Tibet, par exemple) permet de mesurer différences et surtout convergences. L'évolution est prévisible, non pas dans ses formes exactes, mais dans ses tendances. En effet, l'ouverture d'esprit, propre aux vrais spirites, nous conduira sans doute à un esprit, non pas de fusion, ce qui serait stupide et ne ferait que semer le trouble, mais de communion. Les différentes traditions s'influenceront, certes, mais par un regard respectueux l'une envers les autres, plutôt que pour créer un amalgame confus, inefficace et dangereux.

Bibliographie succincte

Nous ne saurions ici nous montrer exhaustifs: les ouvrages concernant le spiritisme sont nombreux. Certains sont hautement fantaisistes. Nous tâchons, modestement, de proposer quelques ouvrages fiables et pouvant ouvrir des voies.

Attard F., *Au-delà du visible*, 1987.
Brune F. et Chauvin R., *En direct de l'au-delà*, 1993.
Castellan Y. *Le spiritisme*, 1987.
Dunne B. et Jahn R. *Aux frontières du paranormal*, 1991.
Eliade M. *Le chamanisme et les techniques archaïques de l'extase*, 1992.
Kardec A. *Le Livre des médiums*, 1972 (réédition).
Moody R. *La vie après la vie*, 1977.
Riotte J. *Ces voix venues de l'au-delà*, 2001.
Shäfer H., *Théorie et pratique de la transcommunication*, 1992.
Wilson I., *Expériences vécues de survie après la mort*, 1987.

Quelques sites internet

http ://www.alliance spirite. org/
http ://www.grimoireduspiritisme. free. fr
http ://www.ondes. org/
http ://www.psiland. free. fr

dont un plutôt septique:
http ://www.zetetique.ldh.org/

Table des matières

Imprimé en France par EMD S.A.S. – 53110 Lassay-les-Châteaux
N° dossier : 22850 – Dépôt légal : Mars 2010